Politikwissenschaft kompakt

Lieferbare Titel:

Auth: Theorien der Internationalen Beziehungen kompakt
Gellner, Hammer: Policyforschung
Riescher, Obrecht, Haas: Theorien der Vergleichenden Regierungslehre
Zohlnhöfer: Politik und Wirtschaft

Theorien der Vergleichenden Regierungslehre

Eine Einführung

von

Prof. Dr. Gisela Riescher

Dr. Marcus Obrecht

Tobias Haas, M.A.

Oldenbourg Verlag München

Bibliografische Information der Deutschen Nationalbibliothek

Die Deutsche Nationalbibliothek verzeichnet diese Publikation in der Deutschen
Nationalbibliografie; detaillierte bibliografische Daten sind im Internet über
http://dnb.d-nb.de abrufbar.

© 2011 Oldenbourg Wissenschaftsverlag GmbH
Rosenheimer Straße 145, D-81671 München
Telefon: (089) 45051-0
www.oldenbourg-verlag.de

Lektorat: Anne Lennartz
Herstellung: Constanze Müller
Titelbild: thinkstockphotos.com
Einbandgestaltung: hauser lacour
Gesamtherstellung: Grafik + Druck GmbH, München

Dieses Papier ist alterungsbeständig nach DIN/ISO 9706.

ISBN 978-3-486-58903-0

Vorwort

Die Vergleichende Regierungslehre besitzt eine lange Tradition, deren Überlieferungen in Form politikwissenschaftlicher Reflexion bis in die griechische Antike reichen. Der Vergleich von politischen Systemen war über die Jahrhunderte hinweg stets eine der wichtigsten Darstellungsformen und Herangehensweisen, um Politik zu analysieren. Heute ist der politikwissenschaftliche Vergleich als Theorie und Methode aktueller denn je. So bringt die politische Praxis mit ihren revolutionären Umwälzungen und friedlichen Transformationen immer wieder neue politische Systeme hervor, die ihrerseits auf Ordnungsformen beruhen, die auf der Basis des Vergleiches gefunden wurden. Die Vergleichende Regierungslehre – im weiteren Sinne auch als Comparative politics oder Vergleichende Politikwissenschaft bekannt – ist ein äußerst innovativer Teilbereich der Politikwissenschaft. Sie hat in den letzten Jahren mit der Vetospielertheorie neue Zugänge und Ergebnisse des Vergleichs hervorgebracht. Ihre Innovationskraft speist sich so gesehen einerseits aus ihren Traditionslinien und andererseits aus der Fähigkeit, neues politisch-praktisches und analytisches Wissen aufzunehmen oder selbst zu produzieren.

Das Autorenteam der „Theorien der Vergleichenden Regierungslehre" hat es sich zur Aufgabe gemacht, diesen Traditionslinien nachzuspüren, sie offenzulegen und sie als Erbe des aktuellen Wissens über das Fach zu beschreiben. Gezeigt werden soll, auf welchen Ideen die aktuellen Theorien und neuen analytischen Konzepte basieren. Es geht um das Erbe des politisch-philosophischen, des verfassungsrechtlichen sowie des systemtheoretischen und ökonomischen Denkens. Der Begriff „Erbe" verweist darauf, dass Theorien und Methoden des Vergleiches übernommen und weitergeschrieben werden. Wird ein Erbe gut verwaltet, so vermehrt es sich in den nachfolgenden Generationen, die dann oft auf die früheren Erfahrungsschätze zurückgreifen, Schulen bilden und das Tradierte innovativ weiter entwickeln.

Der vorliegende Band hat zum Ziel, den Studierenden der Politikwissenschaft, insbesondere der neuen modularisierten Studiengänge, die Theorien und das tradierte Denken der Vergleichenden Regierungslehre in kompakter Form zur Verfügung zu stellen. Wo immer es möglich ist, kommen dabei die „Klassiker" der Vergleichenden Regierungslehre zu Wort und werden ihre Schlüsseltexte zitiert. Dazu gesellt sich die neueste Forschungsliteratur. Zahlreiche Tabellen, Schaubilder, Abbildungen und Porträts illustrieren die Inhalte. Indem die „Theorien der Vergleichenden Regierungslehre" Perspektiven bereitstellen und Kriterien vorlegen, die eine systematische vergleichende Betrachtung ermöglichen, wird vermieden, dass man in diesem bedeutenden Bereich der Politikwissenschaft unsystematisch Äpfel mit Birnen vergleicht.

Freiburg i. Br., im Mai 2011 *Gisela Riescher, Marcus Obrecht, Tobias Haas*

Inhaltsverzeichnis

1 Einführung in die Vergleichende Regierungslehre

In diesem einführenden Kapitel klären wir die Begriffe „Vergleichende Regierungslehre" bzw. „Vergleichende Politikwissenschaft". Wir beleuchten die Aspekte von Politik, mit denen sich die Vergleichende Politikwissenschaft befasst, grenzen diesen Teilbereich der Politikwissenschaft von anderen ab und legen schließlich unser Verständnis von Vergleichender Regierungslehre dar.

Wer nur Deutschland kennt, kennt Deutschland nicht. Der aus dem englischen Sprachgebrauch entlehnte Aphorismus umschreibt ein wichtiges Interesse der Vergleichenden Politikwissenschaft: Mit Hilfe eines Vergleichs mit anderen Ländern kann das eigene Land besser verstanden werden. Nur wer über die Grenzen schaut, findet zu einem tieferen Verständnis für das, was oft nicht hinterfragt und als selbstverständlich wahrgenommen wird. Das Aufwachsen in einem bestimmten gesellschaftlichen und politischen Kontext führt zur Entwicklung unbewusster Deutungsmuster, mit deren Hilfe wir die Welt wahrnehmen und interpretieren. Hieraus entstehen „Vor-Urteile": aus der eigenen Tradition abgeleitete Wahrheiten. Erst die Auseinandersetzung mit dem Fremden erlaubt diese zu hinterfragen. Die Vergleichende Regierungslehre bietet hierfür einen geeigneten Ausgangspunkt. Sie ist ein Teilbereich des politikwissenschaftlichen Fächerkanons.

Vergleichende Politikwissenschaft (Regierungslehre) als Teilbereich der Politikwissenschaft

Manche Autoren im 19. Jahrhundert betrachteten die Methode des Vergleichs als größte intellektuelle Leistung in der Entwicklung der Politikwissenschaft und waren – wie Edward Freeman – davon überzeugt, dass mit ihrer Hilfe Analogien zu finden seien

> „between the political institutions of times and countries most remote from one another [...]." Damit sei eine Welt zu entdecken, „ in which times and tongues and nations which before seemed parted poles asunder, now find each one its own place, its own relation to every other" (Freeman 1873, S. 1, 19, 302; s. a. Lijphart 1971).

Heutzutage ist man von solch hochgesteckten Zielen zu realistischeren Einschätzungen über die Möglichkeiten und Konsequenzen des wissenschaftlichen Fortschritts gekommen. Die Vergleichende Politikwissenschaft etablierte sich seither aber als Teildisziplin im Fach „Politikwissenschaft". Neben der Internationalen Politik, der Politischen Theorie und Philosophie und der (Neuen) Politischen Ökonomie gehört sie zu den politikwissenschaftlichen Teilgebieten.

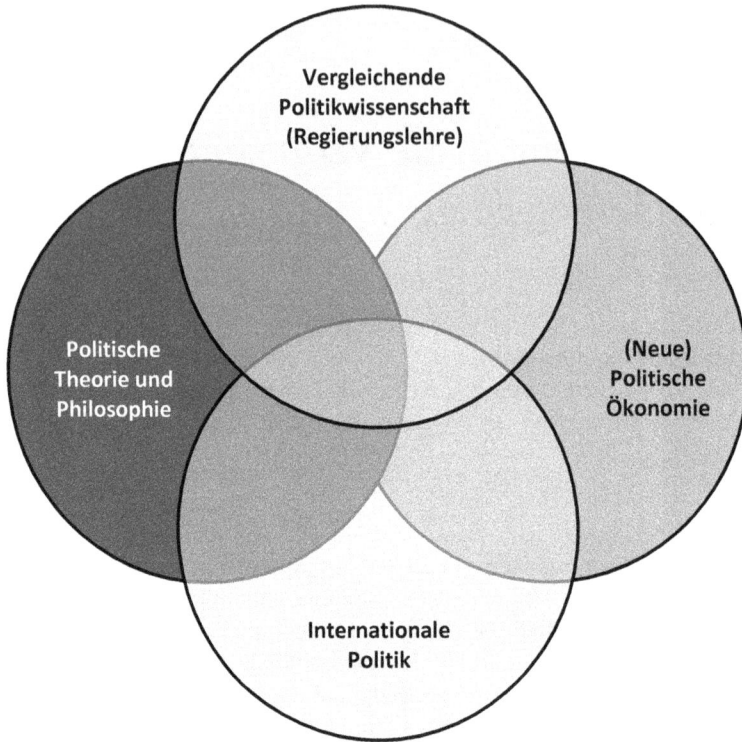

Abb. 1.1:   Politikwissenschaftliche Unterdisziplinen (eigene Darstellung).

Die Unterdisziplin „Internationale Beziehungen" befasst sich traditionell mit den Beziehungen zwischen Staaten oder mit Gruppierungen von Staaten (z. B. Internationale Organisationen) sowie internationalen Akteuren (z. B. Nichtregierungsorganisationen wie Amnesty International). Der Gegenstandsbereich der Unterdisziplin „Politische Theorie und Philosophie" umfasst die Auseinandersetzung mit der Entstehung von Ideen (z. B. Freiheit) und deren Entwicklung im Verlauf der Geschichte (Ideengeschichte). Manche Autoren unterscheiden hierbei die Begriffe „Politische Theorie" und „Politische Philosophie". Der erste verweist dann auf eine rein beschreibende (deskriptive), der zweite auf eine bewertende (normative) Herangehensweise. In diesem Sinne würde die Unterscheidung von Regierungsformen in Diktatur und Demokratie der Politischen Theorie zugeschlagen, falls ein Autor die Demokratie als wünschenswerte Regierungsform vorschlägt, befänden wir uns im Bereich der Politischen Philosophie. Die politische Theorie/Philosophie stellt so etwas wie ein Archiv der Politikwissenschaft bereit, aus dem sich die anderen Teildisziplinen bedienen. Die Unterdisziplin „(Neue) Politische Ökonomie" verbindet Theorien des Wirtschaftslebens mit politischen Institutionen. Die klassische politische Ökonomie war von nichtmarxistischen Nationalökonomen geprägt wie Adam Smith (1732–1790), David Ricardo (1772–1823) und John Stuart Mill (1806–1873). Die „neue" politische Ökonomie lehnt sich bewusst an deren Denkrichtungen an und erklärt politische Institutionen wie Parteien und Parlamente aus ökonomischer Sicht. Dabei spielt der methodische Individualismus, die Orientierung am Eigennutz der Akteure, eine zentrale Rolle. Die Unterdisziplin „Vergleichende Politikwissenschaft" schließlich lässt sich thematisch kaum wie die anderen Teildisziplinen fassen. Denn die behandelten Themen kommen aus allen Bereichen politikwissenschaftlichen Denkens. Diese Ausrichtung wird deshalb durch ihre spezifische Methode – den Vergleich – bestimmt. Umstritten ist allerdings, wo die vergleichende Methode beginnt und wo sie ihre Grenzen hat. Manche Autoren bezeichnen bereits eine Studie über ein einziges Land (z. B. das Regierungssystem Italiens) als vergleichende Herangehensweise, da der Vergleich dem wissenschaftlichen Vorgehen überhaupt entspricht. Andere akzeptieren den Begriff nur bei Berücksichtigung von zwei oder mehr Fällen.[1]

Eindeutige Grenzen lassen sich zwischen den Unterdisziplinen kaum ziehen. So befinden sich viele Arbeiten in den Schnittmengen des Schaubildes. Auch gibt es immer wieder neue Felder der wissenschaftlichen Beobachtung. So haben sich beispielsweise seit den 1980er Jahren Forschungen zur Europäischen Union und zur Globalisierung etabliert. Lassen sich die beiden neuen Forschungsrichtungen in unser Schaubild einordnen? Wenn man Europa einen gewissen Staatscharakter zuschreibt, müsste die Europaforschung der Vergleichenden Politikwissenschaft zugeschlagen werden. Die Globalisierungsforschung wäre bei den Internationalen Beziehungen beheimatet. Eine solche Zuordnung ist allerdings umstritten. So gibt es Untersuchungen, welche z. B. den Einfluss der Globalisierung auf die Reformen des Wirtschaftssystems mehrerer Staaten untersuchen. Hierbei wird deutlich, wie wenig die Bereiche Internationale Politik und Vergleichende Regierungslehre getrennt werden können.

Was ist Politik?

Die oben genannten Teildisziplinen beschäftigen sich alle mit Politik. Allerdings sind die Reichweite des Politischen und damit der Begriff selbst umstritten. Wo beginnt Politik, wo endet sie? Welche Bereiche sollten dem wichtigsten Akteur des Politischen, dem Staat, zugänglich sein, welche darf oder sollte er nicht berühren? Bei der Beantwortung dieser Fragen wird schnell deutlich, dass diesbezüglich in der Wissenschaft kein Konsens bestehen kann. Deshalb finden sich in der Literatur höchst unterschiedliche Definitionsversuche: Manche Autoren verknüpfen den Begriff Politik mit der Suche nach dem guten Leben und damit mit ethischen Inhalten (vgl. Hennis 1977). Anderen gilt Politik als Kampf der Interessen (Ratzenhofer 1893), der sich bis zu einem Freund/Feind-Verhältnis der beteiligten Akteure steigern kann (Schmitt 2002). Oft wird als zentraler Aspekt des Politischen die „Macht" genannt. In der berühmten Definition von Max Weber (1864–1920) wird Politik zunächst allgemein als „jede Art selbständig leitender Tätigkeit" definiert. Dann engt Weber den Begriff auf den Staat ein: „die Leitung oder die Beeinflussung der Leitung eines politischen Verbandes, heute also: eines Staates [...]" und verbindet mit ihm das Streben nach Macht: Politik bedeutet demnach „Streben nach Machtanteil oder nach Beeinflussung der Machtverteilung, sei es zwischen Staaten, sei es innerhalb eines Staates zwischen den Menschengruppen, die er umschließt" (Weber 1988, S. 505 f.). Mit dieser Definition der Politik hängt eine weitere berühmte Definition Webers zusammen, diejenige des Staates. Ein Staat ist nach Weber „diejenige menschliche Gemeinschaft, welche innerhalb eines bestimmten Gebietes [...] das Monopol legitimer physischer Gewaltsamkeit für sich (mit Erfolg) beansprucht" (Weber 1988, S. 506).

Zwei herausragende Vertreter der Vergleichenden Politikwissenschaft, Gabriel A. Almond und Bingham G. Powell, greifen diese Definitionen auf und passen sie auf ihre Untersu-

---

[1] Zu einer ausführlichen Diskussion des Vergleichs als Methode siehe Kapitel 2.

chungszwecke an: Politik umfasst nach den beiden Amerikanern alle öffentlichen und für alle Mitglieder eines Staates bindenden Entscheidungen. Damit wird sie abgegrenzt von privaten und nicht-öffentlichen sowie nicht für alle Mitglieder eines Staates bindenden Entscheidungen:

> „By politics we [...] refer to the activities associated with the control of public decisions among a given people and in a given territory, where this control may be backed up by authoritative and coercive means. Politics refers to the use of these authoritative and coercive means – who gets to employ them and for what purposes" (Almond et al. 2004, S. 2).

Dieser trotz seiner Weite noch immer auf die staatlichen Strukturen sich beziehende Politikbegriff scheint in Zeiten der Globalisierung allerdings in seiner Ausschließlichkeit kaum noch haltbar. Die unter dem Begriff Politik zusammengefassten Inhalte weiteten sich im Zuge des letzten Jahrhunderts ständig aus: zum einen, weil der Staat eine immer größere Rolle im Rahmen seiner Wohlfahrtsaufgaben zugesprochen bekam; zum anderen, weil internationale Entwicklungen – oft werden diese als Globalisierung und Europäisierung bezeichnet – die staatlichen Strukturen immer stärker durchdrangen. Damit war der Politikbegriff nicht mehr nur an Staaten und Verfassungen und damit an nationale politische Systeme gebunden. Wenn heute vom Regieren jenseits des Nationalstaats die Rede ist (Zürn 1998), dann muss Politik auch als Governance verstanden werden, also allgemein als Herstellung und Anerkennung von Normen, Regeln und Verfahren, die das Verhalten von Individuen regeln. Neben den staatlichen können somit auch nichtstaatliche Akteure (z. B. Nichtregierungsorganisationen) an Politik beteiligt sein. Selbst Nicht-Entscheidungen, wie stille Übereinkunft oder Traditionen, fallen dann in den Bereich des Politischen. Dies führt zu zwei Konsequenzen: Erstens vermehren sich mit einem solch breiten Verständnis explosionsartig auch die Untersuchungsfelder der Politikwissenschaft, zweitens verliert der Politikbegriff an Trennschärfe (vgl. Mayntz 2001, S. 35).

Polity, Politics, Policy

Für Untersuchungen im Bereich der Vergleichenden Regierungslehre eignet sich deshalb ein solch breiter Politikbegriff nur bedingt. Sinnvoller ist es, die aus dem englischen Sprachgebrauch stammende Trias Polity, Politics und Policy zu berücksichtigen. Sie verweist auf die institutionellen, prozessualen und intentionalen Komponenten der Politik. Was ist damit gemeint?

Die *Polity* bildet die normativ-formale Dimension des Politischen. Polity meint sowohl die (meist geschriebene) Verfassung einer Gesellschaft wie die politisch „verfasste" Gesellschaft. Denn trotz offizieller Verfassung und parlamentarischer Demokratie können in Staaten andere politische Entscheidungsfindungen vorherrschen (z. B. Ältestenrecht, Clanstrukturen). Die Polity stellt den Handlungsrahmen der Politik dar. Sie ist eng verbunden mit der politischen Kultur und bietet den Gesellschaften Orientierungs- und Verhaltensmuster. Der Begriff *Politics* verweist hingegen auf die verfahrensabhängige Dimension der Politik und damit auf den politischen Prozess (z. B. *party politics*). Hierzu gehört beispielsweise ein Streik. Auf dieser Ebene agieren unterschiedliche Akteure (Parteien, Interessengruppen, Parlamente etc.) meist in Form von Gruppen. Konfliktuelle Interessen, staatliche und gesellschaftliche Akteure treffen aufeinander. Geht man davon aus, dass nicht alle Probleme der Gesellschaft durch Selbstregulierung gelöst werden können, dann ist eine übergeordnete Instanz notwendig – wie zum Beispiel ein Staat, der Normen setzt. Die hierfür notwendigen Prozesse des Aushandelns finden in formalen und informalen Institutionen statt (z. B. Parlamente, Koalitionsrunden). Sie helfen bei der Konsensfindung und Mehrheitsbeschaffung. *Policy* wiederum bezeichnet die inhaltliche Dimension der Politik (Gesundheitspolitik, Bildungspolitik, Außenpolitik u. a.). Ohne sie gäbe es keine gesellschaftlichen Konflikte, denn hier geht es immer um unterschiedliche Vorstellungen, wie diese Politikfelder ausgefüllt werden sollen. Politik ist damit die Verwirklichung von Policies mit Hilfe von Politics auf der Grundlage von Polity (vgl. Rohe 1994, S. 67 ff.).

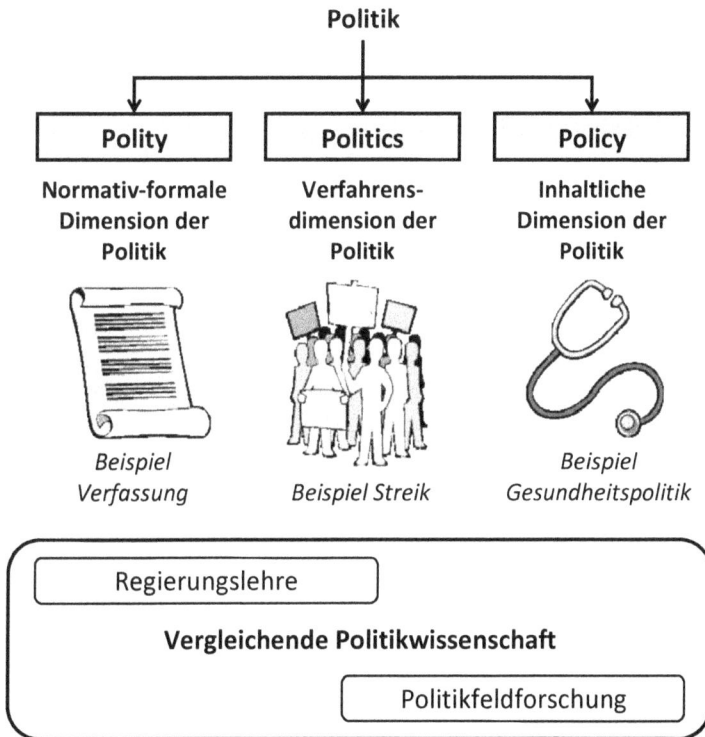

Politik

Polity	**Politics**	**Policy**
Normativ-formale Dimension der Politik	Verfahrens-dimension der Politik	Inhaltliche Dimension der Politik
Beispiel Verfassung	*Beispiel Streik*	*Beispiel Gesundheitspolitik*

Regierungslehre

Vergleichende Politikwissenschaft

Politikfeldforschung

Abb. 1.2: Politologische Trias (eigene Darstellung).

Die Vergleichende Regierungslehre befasst sich mit allen drei Teilbereichen der Politik, gleichwohl liegt der Schwerpunkt auf den Rahmenbedingungen (Polity) und den Verfahren (Politics). Diese besitzen allerdings einen erheblichen Einfluss auf die Policy. Betrachtet man z. B. das Miteinander von demokratisch verfassten Staaten mit totalitären Staaten, zeigt sich: kriegerische Auseinandersetzungen zwischen Demokratien sind unwahrscheinlich, während sie zwischen Demokratien und totalitären Staaten sowie zwischen totalitären Staaten untereinander häufig vorkommen.

In der Literatur zur Vergleichenden Politikwissenschaft finden sich oft unterschiedliche Bezeichnungen für die gleiche wissenschaftliche Zielrichtung. Die folgende Tabelle fasst die Begriffe in deutscher, englischer und französischer Sprache unter dem oben entwickelten Begriff der Politik zusammen:

Tab. 1.1:   Polity, Politics, Policy.

Polity	Vergleichende Regierungslehre
	Vergleichende Lehre von den Regierungssystemen
	Vergleichende Politische Systemlehre
	Vergleichende Analyse Politischer Systeme
	Comparative Government
	Politique comparée
Politics	Vergleichende Politik
	Vergleichende Politikforschung
	Comparative Politics
Policy	Vergleichende Politikfeldforschung
	Vergleichende Politikfeldanalyse
	Comparative Public Policy
	Politique publique comparée

Vergleichende Regierungslehre als Erbe

Der vorliegende Band beschäftigt sich nicht mit allen Aspekten der Vergleichenden Politik-wissenschaft in gleichem Umfang, sondern konzentriert sich auf den Bereich der „Regie-rungslehre". Die Regierungslehre kümmert sich nach Wilhelm Hennis um die Techniken und Mechanismen, welche unter der Normierung der Verfassung als das Getriebe des Staates bezeichnet werden können (Hennis 2008, S. 36). Hierunter zählen insbesondere Institutionen der Exekutive und Legislative wie Regierungen, Parlamente, Staatspräsidenten, Parteien u. a.; Akteure wie Fraktionen, Interessengruppen, Nichtregierungsorganisationen u. a. sowie Verfahren der politischen Willensbildung (z. B. Wahlen oder Gesetzgebungsverfahren). Ent-sprechend dieser Schwerpunktsetzung wurde für den Titel dieses Bandes bewusst der klassi-sche Begriff der „Vergleichenden Regierungslehre" gewählt – nicht der umfassendere Begriff der „Vergleichenden Politikwissenschaft" oder des „Systemvergleichs". „Vergleichende Regierungslehre" verweist auch darauf, dass unser besonderes Augenmerk der theoretisch-ideengeschichtlichen Entwicklung dieses Teilbereichs der Politikwissenschaft gilt: unser Schwerpunkt gilt den verschiedenen Traditionslinien, welche wir als „Erbschaften" bzw. „Erbe" bezeichnen.

Im Einzelnen gehen wir folgendermaßen vor: Wir beginnen mit der Vorstellung begrifflicher und methodischer Grundlagen der Vergleichenden Regierungslehre (Kapitel 2). Sodann un-tersuchen wir deren Fundamente in Form einer Darstellung der unterschiedlichen diskursiven Ebenen, welche wir im Sinne einer historisch-genetischen Entwicklung des Denkens als „Erbe" heutiger Ansätze verstehen: das Erbe des politisch-philosophischen Denkens (Kapi-tel 3), das Erbe des verfassungsrechtlichen Denkens (Kapitel 4) sowie das Erbe des system-theoretischen und ökonomischen Denkens (Kapitel 5). Am Ende eröffnen wir Perspektiven der Vergleichenden Regierungslehre (Kapitel 6).

Die Darstellung des Gegenstandes in Form von Erbschaften kann am besten mit einer archä-ologischen Herangehensweise verglichen werden. Aus der reichen Geschichte politikwissen-schaftlichen Denkens arbeiten wir Traditionen, Konstanten und Leitlinien heraus, welche tief in die Ideengeschichte hineinreichen. Dabei ist zu berücksichtigen, dass es „[i]n der politi-schen Theorie […] keine ein für allemal überholten Paradigmen [gibt]. Wo die Mehrheit der Wissenschaftler eine Theorie für überholt hält, kann diese Renaissancen erleben, wie zahlreiche Neo-Bewegungen demonstrierten" (von Beyme 1992, S. 331). Ähnlich einem tektonischen Aufbau, möchten wir so Schichten verschiedener Denkschulen und Ansätze sichtbar machen, von denen viele Spuren in Form von bis heute rezipierter Literatur hinterlassen haben. Zu beobachten ist, dass manche Theorien und Konzeptionen fortentwickelt werden, andere überholt sind und nur noch als Fragment fortbestehen. Manchmal entstehen hierdurch geschichtliche Kontinuitäten, manchmal Brüche. In der Betrachtung dieses Erbes werden historische Entwicklungslinien mit ihren vielschichtigen Denkmotiven und aktuellen Anknüpfungspunkten deutlich. Diese Gliederung in drei Erbbereiche bietet den Vorteil, Abgrenzungen vorzunehmen und Schwerpunkte der Ansätze herauszuarbeiten. Gleichwohl lassen sich die drei Entwicklungslinien nicht trennscharf auseinanderhalten und auch als historisches Phasenmodell sind sie nur bedingt zu verstehen, denn keine dieser Linien ist als solche überholt. Die Vergleichende Regierungslehre mischt Methoden und Erkenntnisse der verschiedenen Bereiche. So entsteht die Forschung in anderen Konstellationen immer neu.

2 Begriffe und Methoden

In diesem Kapitel geht es um die zentralen Begriffe, Methoden und Paradigmen der Vergleichenden Regierungslehre. Wir untersuchen die Frage, welche Ziele Forscherinnen und Forscher mit dem Vergleich in der Politikwissenschaft verfolgen und stellen wichtige Kategorien vor, mit denen vergleichende Ansätze arbeiten. Ziel ist es,

1) das Verständnis des Vergleichs als Methode durch Abgrenzung gegenüber anderen Methoden der Politikwissenschaft zu wecken,
2) die Definition grundlegender Begriffe der vergleichenden Analyse vorzustellen sowie
3) methodische Grundsatzentscheidungen vergleichender Studien – Wahl der Methode, Wahl der Fälle und Wahl der Zeitebene – nachzuvollziehen.

2.1 Der Vergleich als Methode

Die Nützlichkeit des Vergleichs wurde im 19. Jahrhundert mit der Entwicklung der modernen Sozialwissenschaften entdeckt. In seinem Buch „System of Logic" lobte John Stuart Mill (1806–1873) die vergleichende Methode als Möglichkeit, zu generalisierenden Aussagen (Theorien) zu kommen (vgl. Mill 2003). Andere Autoren wie Émile Durkheim (1858–1917) betrachteten den Vergleich gar als das wichtigste erkenntnisleitende Verfahren: „Wir verfügen nur über ein einziges Mittel, um festzustellen, dass ein Phänomen die Ursache eines anderen ist: das Vergleichen der Fälle, in denen beide Phänomene gleichzeitig auftreten oder fehlen, und das Nachforschen, ob die Variationen, die sie unter diesen verschiedenen Umständen zeigen, beweisen, dass das eine Phänomen von dem anderen abhängt" (Durkheim 1976, S. 205). Der Vergleich geht nach Durkheim von sozialen Phänomenen aus – er ist also streng empirisch. Gleichzeitig hat er zum Ziel, die „Gesetze der Natur" mit Hilfe einer hinreichenden Zahl von Untersuchungen ausfindig zu machen. Unwandelbare Beziehungen zwischen den einzelnen sozialen Tatsachen lassen sich damit ebenso erkennen wie solche, die nur zufällig und einmalig auftreten.

Abb. 2.1: Émil Durkheim.

Der Vergleich entstand in den Sozialwissenschaften durch den Wunsch, ein Äquivalent für das experimentelle Vorgehen der Naturwissenschaften zu besitzen. Allerdings lassen sich die sozialen Phänomene nicht künstlich wie in einer physikalischen oder chemischen Versuchsanordnung (z. B. in einem Reagenzglas) erzeugen – sie sind in der Gesellschaft vorhanden und müssen dort direkt beobachtet werden. Zugleich sind Menschenversuche, z. B. das erzwungene Zusammenleben zweier konkurrierender Volksgruppen ethisch nicht zu rechtfertigen. Entsprechend optierte Durkheim für das „indirekte Experiment", um über die Deskription (in seinem Fach der Soziologie) hinauszugelangen und zu Theorien vorzustoßen:

> „Wenn die Phänomene nach Belieben des Beobachters künstlich erzeugt werden können, handelt es sich um die Methode des Experimentes im eigentlichen Sinne. Wenn hingegen die Erzeugung der Tatsachen nicht in unsere Willkür gestellt ist und wir nur die spontan entstandenen Umstände einander nahebringen können, so ist die hierbei verwendete Methode die des indirekten Experimentes oder die vergleichende Methode" (Durkheim 1976, S. 205).

Der Vergleich als Methode verfolgt mehrere Ziele, umfasst zentrale Begriffe und Kategorien der Politikwissenschaft und geschieht methodisch auf unterschiedliche Weise. Dabei sind zunächst die Inhalte des Begriffes selbst umstritten: es gilt ein umfassendes und eine engeres Verständnis der vergleichenden Methode zu unterscheiden.

Umfassendes und enges Verständnis

Ein umfassendes Verständnis erachtet den Vergleich als metatheoretische Bedingung von Wissenschaft überhaupt: alle Forschung, ja, der Vorgang des Sprechens und Denkens, bestehe demnach im Vergleichen. Aus dieser Sicht entsteht Erkenntnis im Wesentlichen dadurch, dass bereits vorhandenes Wissen neuem Wissen gegenübergestellt wird, durch allgemeine vergleichende Beobachtungen. Dabei entstehen unterschiedliche Formen des Vergleichs: Der systematisierende Vergleich entwickelt Typologien, der wertbezogene Vergleich interpretiert die empirischen Befunde normativ und der heuristische Vergleich erklärt die Phänomene mit Analogien, Ähnlichkeiten und Kontrasten (vgl. Nohlen 1994, S. 508).

In einem engeren Verständnis geht es beim Vergleich als Methode um ein wissenschaftliches Vorgehen, das Gleichheiten, Ähnlichkeiten und Unterschiedlichkeiten der Untersuchungsgegenstände systematisch untersucht und erkennbar macht. Hierbei werden zwei oder mehrere Sachverhalte mit Hilfe gleicher Fragen und Maßstäbe miteinander in Beziehung gesetzt. Es geht um die Bewusstwerdung komplexer Vernetzungen von Strukturen, Institutionen und Werten und allgemein des politischen Verhaltens in unterschiedlichen politischen Systemen. Dies befördert die Kenntnis der eigenen Gesellschaft und anderer Gesellschaften. Der Pionier der vergleichenden Literaturbetrachtung, Georg Brandes, hat dieses Vorgehen für sein Fach charakterisiert durch die „doppelte Eigenschaft, uns das Fremde solchergestalt zu nähern, daß wir es uns aneignen können, und uns von dem Eigenen solchergestalt zu entfernen, daß wir es zu überschauen vermögen" (Brandes, zit. nach Ritter 2010, S. 15).

2.2   Warum vergleichen? Die Ziele des Vergleichs

Der Anstoß für vergleichende Forschungen entsteht aus unterschiedlichen Motivationen: Autorinnen und Autoren interessiert *erstens* der schnelle Wandel von Gesellschaften, insbesondere wenn deren traditionelle Strukturen sich änderten. So entstanden kommunistische Klassentheorien, weil eine soziale Gruppe, die Arbeiterschaft (das Proletariat), im Zuge der Industriellen Revolution sich rasch ausbreitete. Auch Vergleiche mit der Antike folgten einer ähnlichen Motivation: sie gehen oft mit dem Gefühl der Minderwertigkeit der Gegenwart gegenüber der Kultur der Älteren einher (siehe hierzu ausführlich Kapitel 3.1). *Zweitens* wirkten Reisen, Entdeckungen und die Kolonialisierung als Auslöser vergleichender Studien. Nicht selten beschrieb man hieraus Gesellschaften in Form einer Hierarchie, z. B. als „primitiv" versus „zivilisiert". Niederlagen im Krieg oder die Konkurrenz unterschiedlicher Systeme wie diejenigen der kapitalistischen und kommunistischen Staaten bieten *drittens* einen ebenso willkommenen Anlass, sich vergleichend mit dem Sieger oder dem anderen System auseinanderzusetzen. Schließlich bilden *viertens* Politikberatung und -beeinflussung, z. B. die PISA-Studie zur Qualität der Schulausbildung, eine weitere wichtige Motivation, sich dem Vergleich als Methode zu widmen.

Mit diesen unterschiedlichen Anlässen verbunden ist die Hoffnung, die Kluft zwischen politischer Theorie und empirischer Analyse zu schließen. Darüber hinaus bestehen bestimmte Vorstellungen über die Ziele der Forscherinnen und Forscher:

1. Suche nach Unterschieden, Ähnlichkeiten und Gemeinsamkeiten politischer Systeme in Form eines Nachweises von Kausalität. Dies geschieht im Rahmen mehrerer – oft auch gleichzeitig angestrebter – erkenntnisleitender Zwecke:

    a. Deskription: Forscherinnen und Forscher möchten eine genaue Beschreibung eines Falles vornehmen (z. B. im Rahmen einer Länderstudie).

    b. Kategorisierung: Forscherinnen und Forscher kategorisieren (ordnen) Phänomene, z. B. mit Hilfe von Klassifikationen, Dichotomien, Typologien, Rangordnungen und Surveys. Bei Klassifikationen werden Merkmale der untersuchten Objekte in bestimmte Klassen eingeteilt. Im Unterschied zu Typologien nehmen Klassifikationen eine „strenge", einfache Ordnung der Erscheinungen vor (z. B. Arbeiterpartei, Volkspartei, Klientelpartei). Dichotomien sind Klassifikationen mit Merkmalen, die sich gegenüberstehen (z. B. Arbeit/Kapital, Staat/Gesellschaft). Typologien, die in ihrer Anlage komplexer als Klassifikationen sind und mindestens zwei Merkmale in den Blick nehmen, bestehen oft aus „Idealtypen". Die berühmteste Definition des Idealtypus stammt von Max Weber (1864–1920), der diesen als Methode der Konstruktion von Begriffen und Theorien nutzte. Zum Idealtypus gelangt man laut Weber durch die „einseitige Steigerung eines oder einiger Gesichtspunkte und durch Zusammenschluß einer Fülle von diffus und diskret, hier mehr, dort weniger, stellenweise gar nicht, vorhandenen Einzelerscheinungen, die sich jenen einseitig herausgehobenen Gesichtspunkten fügen, zu einem in sich einheitlichen Gedankenbilde" (Weber 1992a, S. 235). Als theoretisches Konstrukt muss ein Idealtypus in seiner reinen Form in der empirischen Wirklichkeit nicht vorzufinden sein. Es geht deshalb darum zu untersuchen, wie nah oder fern die Wirklichkeit dem Idealtypus kommt, wie sehr z. B. die Legitimität einer Herrschaft den von Weber entwickelten Idealtypen der „traditionalen", der „charismatischen" und der „legalen" Herrschaft entspricht (vgl. Weber 1992b).

        Mit Hilfe der Kategorisierung lässt sich die komplexe Wirklichkeit auf Begriffe reduzieren, die dem Verstand zugänglich sind. Ihr folgt oft als weiterer Schritt der wissenschaftlichen Arbeit die Erstellung von Modellen und Theorien. Während Typologien meist statisch bleiben, heben Modelle den dynamischen Charakter und die Variationen im Zeitablauf hervor. Rangordnungen hingegen sind rein quantitative Klassifikationen, während Surveys sowohl qualitative wie quantitative Elemente berücksichtigen und beide miteinander verbinden.

    c. Überprüfung: Forscherinnen und Forscher möchten Hypothesen testen. Hierfür werden wichtige Variablen identifiziert. Die Hypothesen können im Sinne einer Verifikation oder Falsifikation überprüft werden. Es geht dabei um den Nachweis von Kausalität, d. h. um die Suche nach dem Nachweis für die Beziehung zwischen Ursachen und Wirkungen (Ursache/Wirkungs-Beziehungen) und schließlich um komplexe Theorien.

    d. Hypothesen und Theorien: Durch das Verständnis des Zusammenhanges zwischen unabhängigen, abhängigen und intervenierenden Variablen streben Forscherinnen und Forscher die Entwicklung neuer Hypothesen und Theorien an.

2. Vorhersagen: Mit der Entwicklung von Theorien ist immer die Möglichkeit verbunden, Wenn/Dann-Relationen anzustellen (Prospektion), z. B. im Rahmen des Zusammenhanges von Wahlsystemen und Parteiensystemen (vgl. Duverger 1976), bei der Konfliktforschung (vgl. Huntington 1996) und der Demokratisierungsforschung (vgl. Vanhanen 1997).

3. Wissensanwendung: Die fremden Erfahrungen sollen für Handlungsvorschläge genutzt werden, wie dies beispielsweise im Rahmen der Politikberatung geschieht. So können etwa durch den Vergleich unterschiedlicher Gesundheitssysteme Vor- und Nachteile von bestimmten Regelungen erkannt werden. Neben einer solchen instrumentellen Nutzung von Erkenntnissen gibt es eine lange Tradition, wonach Forscherinnen und Forscher die beste Form einer politischen Struktur identifizieren möchten, z. B. die ideale Regierungsform oder den idealen Herrscher.

Begriff Theorie versus Begriff Methode

Eine Minimaldefinition von Wissenschaft ist „Beweisführung": der Nachweis von logischen Beziehungen zwischen Aussagen. Es geht bei wissenschaftlichem Arbeiten entsprechend um Erkenntnis – um eine als wahr nachgewiesene (oder angenommene) Aussage. Ein Resultat wissenschaftlicher Arbeit sind Theorien. Sie beinhalten a) ein System aufeinander bezogener Aussagen, b) Angaben über die Voraussetzungen und Rahmenbedingungen, unter denen die Aussagen gültig sind (z. B. Zeit oder territoriale Ausdehnung) und c) die Möglichkeit, Hypothesen über künftige Ereignisse und Veränderungen zu bilden (vgl. von Beyme 2000, S. 11). Unterscheiden lassen sich Theorien nach ihrem Forschungsdesign (deduktive versus induktive Theorien), nach ihrem Erklärungsansatz (Systemtheorien versus Handlungstheorien) und nach ihrer Reichweite (Makrotheorien, Mesotheorien, Mikrotheorien). Deduktive Theorien gehen von einer allgemeinen Theorie aus, bei induktiven Theorien werden mehrere Einzeltheorien zu einer größeren Theorie zusammengesetzt. Systemtheorien gehen vom ganzen System aus, während Handlungstheorien das einzelne Individuum zur Grundlage nehmen (z. B. Rational Choice). Makrotheorien sind Theorien, welche räumliche (und/oder zeitliche) Phänomene umfassend erklären, Mesotheorien haben eine mittlere Reichweite und Mikrotheorien sind räumlich und zeitlich stark begrenzt. Unter Methode versteht man das planmäßige Verfahren der Informationsgewinnung (Dokumentenanalyse, Befragung, Beobachtung, Experiment, Simulation u. a.), der Informationsauswertung (hermeneutische Methode, historische Methode, juristische Methode, statistische Methode) und -bewertung. Theorien können falsifiziert oder verifiziert werden, dies ist bei Methoden nicht möglich, diese sind für einen Untersuchungsbereich nur mehr oder weniger geeignet.

Die Validität (Gültigkeit) von Theorien in strengen mathematisch orientierten Wissenschaften ist bereits dann verloren, wenn ein einziger abweichender Fall identifiziert wird. Er bringt die ganze Theorie zum Einsturz. In den Sozialwissenschaften hingegen wird meist weniger streng verfahren. Es gilt das Prinzip des Wahrscheinlichen, nicht der universalen Generalisierung. Ein abweichender Fall stellt noch keinen Grund dar, eine Theorie als unzureichend einzustufen. So gibt es beispielsweise autokratisch geführte Regierungssysteme (wie das politische System Frankreichs zu Beginn der V. Republik), welche nicht in totalitäre Regime abgleiten. Gleichwohl ist dies bei sehr vielen Autokratien der Fall, sodass man diesbezüglich eine Regel aufstellen kann.

Die Nützlichkeit vergleichender Analysen zeigt sich insbesondere dann, wenn durch die Erkenntnis von Strukturen Aussagen über deren mögliche Konsequenzen gemacht werden können – wenn beispielsweise die Kenntnis über die Auswirkungen von Wahlsystemen eine Einschätzung auf die Entwicklung von Parteiensystemen erlaubt oder wenn das Wissen um die Konsequenzen von Verfassungsbestimmungen mit Hilfe historischer Fälle auf die Gewaltenteilungsmechanismen des politischen Systems geschlossen werden kann und so neuen Demokratien bei der Entwicklung einer geeigneten Grundordnung geholfen werden kann. Dabei muss immer auch der Kontext mitberücksichtigt werden, um einfache Konnexe (Verbindungen) zu vermeiden. Denn nicht alle Strukturen wirken in allen Systemen gleich: So sind in Deutschland politische Systeme mit einer starken zentralistischen Ausrichtung in Totalitarismus und Autoritarismus ausgeartet: Sowohl das Dritte Reich wie die DDR haben den föderalen Aufbau des Landes aufgehoben.[2] In Großbritannien und Frankreich hingegen glitten die zentralstaatlichen Strukturen nicht in eine Diktatur ab. Letztlich stoßen die Forscherinnen und Forscher daher immer wieder auf die politische Kultur als wichtigste Erklärungsvariable für die Entwicklung von Gesellschaften.

2.3 Was vergleichen? Begriffe und Kategorien

Das Programm der Vergleichenden Regierungslehre kann man mit den Begriffen Messen, Klassifizieren und Generalisieren auf einen Nenner bringen. Doch welche Inhalte stehen hinter diesen Aktivitäten? Um diese Frage zu klären, müssen zunächst die für die Vergleichende Regierungslehre wichtigen Kategorien vorgestellt werden. Kategorien entsprechen „Stammbegriffen", von denen aus sich anderen Begriffe ergeben.

Staaten und Institutionen

Da politische Entscheidungen im Unterschied zu privaten Entscheidungen vielfach von staatlichen Akteuren und Institutionen vorgenommen werden, stehen diese auch im Mittelpunkt der vergleichenden Analysen von Polity und Politics. Max Weber kennzeichnete den Staat als „wichtigstes konstitutives Element jedes Kulturlebens" (Weber 1992a, S. 206); eine These, welche heute nicht mehr unumstritten ist. Schließlich konnte in den letzten zwanzig Jahren ein Bedeutungsgewinn globaler wie regionaler Institutionen beobachtet werden. Das Feld des Vergleiches hat sich deshalb stark ausgedehnt. Der Nationalstaat ist nicht mehr einziger Gegenstand der Betrachtung, so werden heute auch internationale Organisationen, staatliche Zusammenschlüsse wie die Europäische Union oder ASEAN (Association of Southeast Asian Nations) oder Nichtregierungsorganisationen vergleichend untersucht.

---

[2] Die Verfassungsgeber des Grundgesetzes einigten sich unter anderem auf Grundlage der Erfahrungen im Dritten Reich auf den Art. 20 GG, der Deutschland als föderalen Staat kennzeichnet und der durch keine Verfassungsänderung aufgehoben werden kann (Art. 79 Abs. 3 GG).

Begriff Staat

Beim Begriff des Staates steht nach den Definitionen des Völkerrechts die Souveränität nach innen und außen im Vordergrund, im Völkerrecht werden die Staaten zudem als gleichberechtigt angesehen, unabhängig davon wie groß ihre territoriale Ausdehnung und ökonomische Macht ist. Vielen staatsrechtlichen Definitionen liegt hingegen ein mehrdimensionales Begriffsverständnis nach der Drei-Elemente-Lehre von Georg Jellinek zugrunde: Hiernach besteht der Staat aus einem Volk, einem Territorium und einer (effizienten) Staatsgewalt (vgl. Jellinek 1966, S. 394 ff.). Andere Autoren betonen die rechtlichen Aspekte eines solchen Zusammenschlusses. So spricht Immanuel Kant von einer Vereinigung von Menschen unter Rechtsgesetzen (vgl. Kant 2005, § 45). Moderne Begriffsbestimmungen orientieren sich an der Autonomie des Staates gegenüber anderen gesellschaftlichen Subsystemen und an dessen Funktionen (vgl. Peters 1998, S. 6). Die Autonomie des Staates zeigt sich in der legitimen Verfügung über die Mittel der Gewaltausübung und das Monopol, sich selbst Aufgaben (Kompetenzen) zuschreiben zu können (Kompetenzen-Kompetenz). Schließlich muss der Staat, um nicht als „failed state" zu gelten, bestimmte Funktionen erfüllen, unter denen vielleicht die wichtigste die Garantie der inneren Sicherheit ist.

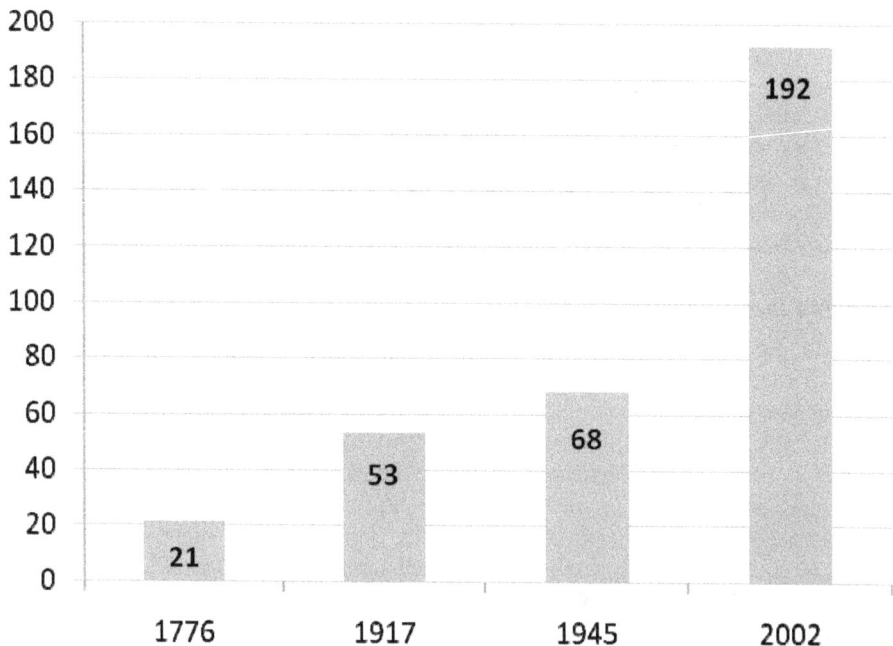

Abb. 2.2:   Entwicklung der Zahl der Staaten seit 1776 (eigene Darstellung nach Almond et al. 2004, S. 14). Gezeigt wird die absolute Zahl der Staaten in den Jahren 1776, 1917, 1945 und 2002.

Allerdings zeigt sich auch eine erstaunliche Beständigkeit des Staates: seit dem 18. Jahrhundert wuchs diese Form der politischen Organisation stark an (siehe Abbildung 2.2). Die Gründe hierfür liegen zum einen in den wichtigen Funktionen, welche der Staat für die Gesellschaft erbringt (Sicherheit, Bereitstellung einer Grundversorgung, Wohlfahrt u. v. m.), zum anderen in der Bedeutung staatlicher Strukturen für die Demokratie: Diese setzte sich im Rahmen der Entwicklung des Verfassungsstaates als erfolgreiche Regierungsform in zahlreichen Gebieten der Erde durch. Heute gibt es kaum einen Staat mehr, der sich nicht in der einen oder anderen Form als demokratisch bezeichnen würde. Demokratie als Verfahren scheint aber zumindest bis zu einem gewissen Grad an ein begrenztes und kleinräumliches Territorium gebunden zu sein (vgl. Dahl und Tufte 1974).

Wenngleich der Staat nicht mehr die allein treibende Kraft der Geschichte ist, kann die oben genannte These Webers noch immer Gültigkeit beanspruchen: der Staat ist nach wie vor ein wichtiger Akteur der Weltpolitik und die Vergleichende Regierungslehre nutzt ihn trotz Europäisierung und Globalisierung (siehe dazu Kapitel 5.5) meist immer noch als zentrale Analyseeinheit.

Fälle und Variablen

Wenn von Analyseeinheiten die Rede ist, dann benutzen Wissenschaftlerinnen und Wissenschaftler meist synonym den Begriff „Fall" (*case*). Sie sprechen von der vergleichenden Untersuchung einzelner Fälle, z. B. Frankreich, Großbritannien, USA, Nigeria. Untersucht werden entweder ein Fall (Einzelfallanalyse), mehrere Fälle oder viele Fälle. Bei der Betrachtung von Staaten können dabei verschiedene Vergleichsebenen vorkommen: (a) innerstaatlicher Vergleich, (b) zwischenstaatlicher Vergleich, (c) mehrebenenbezogener Vergleich. Beim innerstaatlichen Vergleich gilt die Untersuchung den Einzelstaaten in einem föderativen System. Der Vorteil eines solchen Vergleiches sind die relativ homogenen Kontextvariablen. Beim zwischenstaatlichen Vergleich werden zwei oder mehrere Nationalstaaten verglichen. Beim mehrebenenbezogenen Vergleich interessiert sich die Forscherin bzw. der Forscher für verschiedene politische Ebenen. So wird in der Europäisierungsforschung beispielsweise die Umsetzung der Politikergebnisse der Europäischen Union in den einzelnen Mitgliedstaaten untersucht. Die Auswahl der Fälle erfolgt über den methodischen Zugang zur Untersuchung (s. u.).

Bei der Analyse wäre es wünschenswert, wenn alle kulturellen, sozialen, ökonomischen und politischen Merkmale eines Falles berücksichtigt werden könnten. Sie stehen in engem Zusammenhang und verändern sich miteinander (vgl. Mill 2003, VI, 10, § 2). Doch dies ist aus forschungsökonomischen Gründen unmöglich. Zu groß wären die zu behandelnden Datenmengen. Es gibt immer viel mehr (zu berücksichtigende) Variablen als vergleichbare Fälle. Dieser Problematik versuchen Wissenschaftlerinnen und Wissenschaftler durch drei Strategien zu begegnen (vgl. ähnlich Lijphart 1971, S. 686 ff.):

1. Erhöhung der Zahl der Fälle in Form einer geographischen und/oder der longitudinalen (diachronen) Erweiterung des Untersuchungsgegenstandes. Je mehr Fälle betrachtet werden, desto weniger fallen die besonderen, möglicherweise verzerrenden Umstände des Einzelfalls ins Gewicht.

2. Reduktion der unzähligen Kulturerscheinungen auf bestimmte Variablen (*units of analysis*), welche in der Untersuchung Berücksichtigung finden, z. B. Parteiensystem, Wahlsystem u. a. Diese Variablen werden sodann in Beziehung zueinander gesetzt: Als abhängige Variable werden solche Elemente bezeichnet, welche durch den Einfluss einer anderen unabhängigen Variable erklärt werden sollen. Möchte man beispielsweise die Wirkung des Wahlsystems auf das Parteiensystem untersuchen, dann stellen die verschiedenen Wahlsysteme (Verhältniswahl, Mehrheitswahl, Mischsystem) die abhängigen Variablen in Bezug auf die unabhängige Variable „Parteiensystem" dar.

3. Vergleich nur von ähnlichen Fällen. Die Fälle sollten in den wichtigsten Charakteristika (unabhängige Variablen) übereinstimmen, nicht jedoch in den zu untersuchenden abhängigen Variablen. Der Vorteil dieser sogenannten Konkordanzmethode ist die Stabilität der Kontextvariablen (s. u.).

Die verwendete Methode hat unmittelbaren Einfluss auf die Auswahl der Fälle.

2.4   Wie vergleichen? Methodische Grundlagen des Vergleichs

Um Untersuchungen im Bereich der Vergleichenden Regierungslehre vorzunehmen, bedarf es bestimmter wissenschaftlicher Methoden. Ohne ein systematisches Vorgehen wären Erklärungen über Zusammenhänge nicht möglich. Man könnte lediglich Daten zu einem bestimmten Problem sammeln und nebeneinanderstellen. Um aber beispielsweise die Frage zu beantworten, weshalb in Deutschland die Bundeskanzlerin nach einem verlorenen Misstrauensvotum von einem anderen Kanzler ersetzt wird, in Frankreich der Premierminister zurückzutreten hat und in China diese Institution in der Verfassungspraxis nicht existiert, gehen Forscherinnen und Forscher im Sinne der Wissenschaftlichkeit systematisch vor: sie analysieren Verfassungen und Geschäftsordnungen und unterziehen diese einem Vergleich. Auf diese relativ einfache Frage finden sie mit großer Wahrscheinlichkeit über eine Interpretation der Verfassung eine befriedigende Erklärung. Größere Zusammenhänge, z. B. warum einige Länder Demokratien sind, während andere autoritär oder totalitär regiert werden, lassen sich jedoch mit einem Blick auf das Verfassungsrecht alleine nicht beantworten. Wir könnten die Frage stellen, ob dies auch mit dem Wohlstandsniveau eines Landes zu tun hat: Dass also die demokratische Staatsform wahrscheinlicher wird, wenn der Lebensstandard der Bürger hoch ist. In Deutschland würde eine solche These sicherlich bestätigt werden können. Es existiert eine Korrelation zwischen beiden Faktoren, insofern das rasche Ansteigen des Wohlstandes nach dem Zweiten Weltkrieg zur Festigung der durch die Alliierten beförderten Demokratie beitrug. Erweitern wir unseren Fokus, so scheint die These auch für andere Fälle zu gelten. Aber sie gilt nicht für alle Länder, in denen das Wohlstandsniveau hoch ist. So gibt es im Mittleren Osten viele reiche Gesellschaften, welche nur wenige demokratische Umgangsformen pflegen. Erhöht man die Zahl der betrachteten Länder, steigt die Wahrscheinlichkeit, dass Abweichungen von einer Regel entdeckt werden. Wir können also nicht von einer Kausalität zwischen Wohlstandsniveau und Demokratieniveau sprechen. Offenbar müssen noch andere (Erklärungs-)Variablen hinzugezogen werden, um „Demokratie" erklären zu können, z. B. die historische Erfahrung, die Einstellungen der Bürger zu demokratischen Werten, Bildung, Geographie u. v. m. Selten sind diese sogenannten Kontextvariablen gleich, sodass

sie vernachlässigt werden könnten. Das grundlegende Problem der vergleichenden Forschung ist demnach: es gibt viele Variablen, aber nur wenig ähnliche Fälle.

Ein weiteres Problem betrifft die mit der Wahl der Methode getroffene Wertentscheidung.
Max Weber war der Meinung, dass eine methodisch korrekte wissenschaftliche Beweisführung in den Sozialwissenschaften auch von einem Chinesen als richtig anerkannt werden
müsse, wenngleich dieser die aus ihr folgenden Wertungen ablehnen kann. Sozialwissen-
schaftliche Methoden seien somit universell. Weber entwarf mit Hilfe dieser Idee Maßstäbe
des richtigen wissenschaftlichen Arbeitens: Der Wissenschaftler müsse sich selbst wie seinem Leser ständig die Bedingungen der Untersuchung in das Bewusstsein bringen und die
Tatsachenbeschreibung von der Wertung trennen (vgl. Weber 1992a, S. 194 ff.). Methoden
sind in ihrer Anwendung allerdings immer umstritten und die Trennung von Wertung und
Tatsachenbeschreibung ist nicht in allen Phasen des wissenschaftlichen Prozesses einfach
herzustellen. In der ersten Phase (Hypothesenbildung) ist Wertfreiheit oft weder möglich
noch wünschenswert. Sollten nicht alle Länder Demokratien sein? In der zweiten Phase
(Anwendung wissenschaftlicher Methoden) scheint sie unerlässlich, in der letzten Phase
(Beurteilung wissenschaftlicher Ergebnisse) ist sie unmöglich (vgl. von Beyme 1992, S. 55).

2.4.1   Methodenauswahl: qualitative versus quantitative Methoden

Bereits bei der Wahl der Methode schleichen sich in die Untersuchung Werthaltungen und
Positionen des Wissenschaftlers ein. Dies zeigt sich auch in der Auseinandersetzung um die
„richtige" Methodenwahl zwischen quantitativ oder eher qualitativ arbeitenden Wissenschaftlerinnen und Wissenschaftlern. Beide Lager stehen sich manchmal feindlich gegenüber,
da hinter beiden Ansätzen unterschiedliche Logiken vermutet werden. Letztlich unterscheiden sich die beiden Ansätze eher in der Gewichtung ihrer Strategien denn in ihrem Ziel:
Während quantitativ orientierte Forschung stärker auf die Beziehungen von wenigen Variablen bei der Untersuchung vieler Fälle achtet, konzentriert sich qualitativ orientierte Forschung stärker auf die Beziehungen von vielen Variablen bei der Untersuchung weniger Fälle
(vgl. Ragin 2004, S. xii).

Die quantitativen Methoden

Die quantitativen Methoden gehen von der Idee aus, dass die Zahl der zu untersuchenden
Fälle möglichst hoch sein sollte, um allgemeine Aussagen zu einem Gegenstandbereich möglich zu machen. Damit kann der spezifische Einzelfall als *quantité negligeable*, als zu ver-
nachlässigende Einheit, betrachtet werden. Es ist nicht das Ziel, dessen Komplexität zu beschreiben. Die bei quantitativen Methoden benutzten Begriffe sind solche der Mathematik.
Sie verlangen nach Messvorschriften und normalerweise auch nach Messgeräten und deren
Normierung. Die quantitativen Methoden basieren auf einem rationalistischen Wissenschaftsverständnis. Ihre Grundlage sind Zahlen. Sie versuchen Regelmäßigkeiten und Unterschiede zwischen den Untersuchungsobjekten mit Hilfe statistischer Angaben aufzuzeigen.
Einzelne Variablen werden isoliert betrachtet, um Regelmäßigkeiten identifizieren zu können. Man nennt diesen Ansatz deshalb auch partikularistisch. Das Ziel ist nomothetisch, d. h.
es wird nach allgemeinen und universal gültigen Gesetzen gesucht, die soziales Handeln
erklären. Die Gesetze können dann deduktiv von einem Fall auf einen anderen Fall angewandt werden. Bei deduktivem Vorgehen sind vorhandene Theorien zunächst Grundlage für
die Bildung von Hypothesen, welche anhand eines bestimmten Forschungsobjektes überprüft

werden. Theorien werden also auf ihre Gültigkeit (Validität) hin untersucht. Dabei gelten Hypothesen solange als richtig, bis sie widerlegt sind (Falsifikation). Die Fallauswahl geschieht nach dem Maximierungsprinzip: je mehr Fälle berücksichtigt werden, desto valider sind die Ergebnisse. Entsprechend zeichnen sich quantitative Studien durch eine hohe Fallzahl aus. Allerdings können auch statistische Erhebungen nicht vollständig für ein zu beobachtendes Objekt durchgeführt werden (z. B. die Bundesrepublik). Deshalb werden Stichproben genommen (Sample). Eine kleine Anzahl von Befragten oder Objekten stehen dann für das Ganze. Riesige Datenmengen werden somit auf einen kleinen (repräsentativen) Teil reduziert. Eine derartige Analyse ist entsprechend reduktiv. Allerdings sind viele Begriffe der Sozialwissenschaften quantitativ nur schwer zu erfassen, z. B. Gefühle wie Glück, Liebe, Freundschaft, Vertrauen oder abstrakte Ideen wie Macht, Legitimität oder Souveränität.

Die qualitativen Methoden

Die qualitativen Methoden nutzen qualitative Begriffe. Einen Begriff nennt man qualitativ, wenn er eine Eigenschaft von etwas beinhaltet (meist Prädikate wie grün, süß etc.). Qualitative Begriffe haben meist unscharfe Grenzen, denn es ist fraglich, ob man etwas der fraglichen Eigenschaft zuschreiben kann oder nicht. So kann beispielsweise ein Glatzkopf ganz unterschiedlich verstanden werden: von schütterem Haar bis zu einem kahlen Schädel. Wenn scharfe Grenzen zwischen einzelnen Qualitäten gezogen werden, spricht man von klassifikatorischen Begriffen: Kahlkopf null bis zehn Haare, elf bis 250 Haare Glatzkopf, 251 bis 350 Haare schütteres Haar usw. Solche Begriffe führen zu Klassifikationssystemen wie sie der Botaniker Carl von Linné (1707–1778) für Pflanzen aufgestellt hat (vgl. Poser 2001, S. 78 ff.). Die qualitativen Ansätze basieren meist auf einem hermeneutischen Wissenschaftsverständnis. Das Ziel dieser Ansätze ist idiographisch, d. h. es gilt der Suche nach dem Individuellen und Einzigartigen. Dabei spielt der Kontext eine wichtige Rolle. Die qualitativen Methoden sind holistisch angelegt: Sie versuchen alle Elemente des untersuchten Gegenstandes zu berücksichtigen. Der Forschungsprozess basiert auf einem induktiven Vorgehen: Beobachtungen des Untersuchungsgegenstandes werden gesammelt, um anschließend Regelmäßigkeiten zu identifizieren. Aus diesen entsteht schließlich die Theorie. Qualitativ arbeitende Forscherinnen und Forscher bearbeiten meist nur einen oder wenige Fälle, die gezielt ausgewählt werden. Hierfür ist ein gewisses theoretisches Vorverständnis nötig: welche Fälle können untersucht werden bzw. sind für die Fragestellung relevant? Der Forscher bzw. die Forscherin befindet sich sehr nahe am Gegenstand. Im Laufe des Forschungsprozesses werden immer mehr Informationen angehäuft. Ihre Interpretation entspricht dann einer „thick description", einer dichten Beschreibung, wie der Anthropologe Cliffort Geertz (1926–2006) in einem berühmten Aufsatz ausführt (vgl. Geertz 1999).

Tab. 2.1:   Quantitative und qualitative Methode.

	Quantitative Methode	Qualitative Methode
Forschungsprozess	deduktiv	induktiv
	reduktiv	explikativ
Ziel	nomothetisch	idiographisch
	partikularistisch	holistisch
	Themen überprüfend	Themen entwerfend

Immer mehr setzte sich in der Forschung die Idee eines Methodenpluralismus durch: So werden heute oft qualitative und quantitative Methoden zusammen benutzt – zumal die beiden Methoden sich nicht streng diametral gegenüberstehen, wie dies in der Diskussion (und in unserem Schaubild) vorgestellt wird. Beide Forschungsstrategien basieren auf einer systematischen Analyse von theoretischen Elementen (Ideen) zu einem bestimmten wissenschaftlich behandelten Gegenstandsbereich und haben die Formulierung von Beweisen zum Ziel (vgl. Ragin 2004, S. xii). Sie folgen mithin einer „Logik der Schlussfolgerung" (*logic of inference*) (vgl. King et al. 1994, S. 4). Beide methodische Ansätze können sich damit ergänzen. Gleichwohl bleiben zahlreiche Spannungen bestehen.

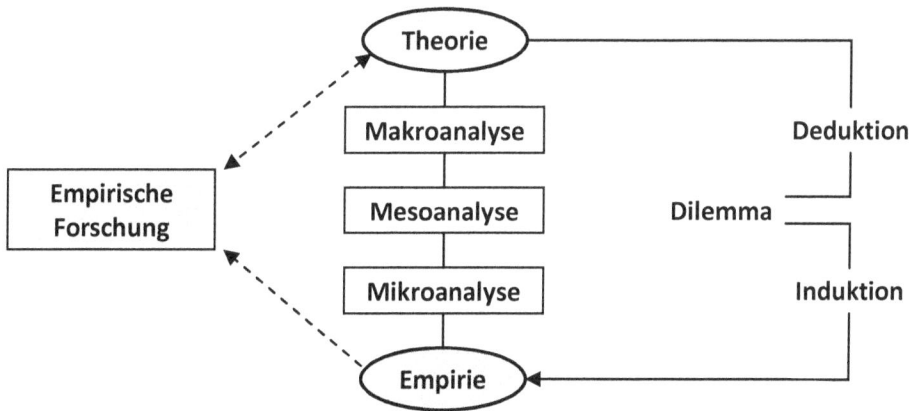

Abb. 2.3:   Empirische Forschung (eigene Darstellung).

Empirische Forschung lebt immer im Spannungsfeld der vorzufindenden Beobachtungen (Empirie) und theoretischen Erwägungen, die bereits zu bestimmten Fragestellungen existieren (Theorie). Geht Forschung deduktiv, d. h. von einer allgemeinen Theorie aus, möchte sie diese durch ihre Untersuchungen verifizieren (bestätigen) oder falsifizieren (verwerfen). Solche Ansätze können beispielsweise von Institutionen (Parlamente, Parteien, Religionen etc.) ausgehen, sie sind ein universales Merkmal des Politischen. Allerdings besitzen Institutionen höchst unterschiedliche Merkmale (Aufbau, Ziele, Funktionen u. a.), sie sind zudem in ihren Beziehungen hoch komplex (man denke an das Verhältnis von Parlament und Regierung) und erfüllen in unterschiedlichen politischen Systemen völlig verschiedene Funktionen (man denke an Staatsoberhäupter). Nie können alle Beziehungsgeflechte in einer Institutionentheorie berücksichtigt werden. Auch über ein induktives Vorgehen, also über das Sammeln von Material gelingt es trotz größtmöglicher Anstrengung nicht, alle formalen und informalen Beziehungen zu beschreiben.

Darüber hinaus entsteht ein Spannungsfeld in Bezug auf die Breite der Analyse: Eine Mikroanalyse beschäftigt sich nur mit einem eng umfassten Datenbereich, z. B. der Untersuchung von Rollen der Bundeskanzlerin im politischen System der Bundesrepublik Deutschland. Die Erkenntnisse aus einer solchen Studie besitzen nur Gültigkeit für diesen einen Fall, sie können aber besonders genau ausfallen (Mikrotheorie). Eine Mesoanalyse ist dahingegen breiter angelegt, z. B. mit den Rollen westlicher Regierungschefs in ihren jeweiligen politischen Systemen. Die Ergebnisse einer solchen Studie umfassen nicht alle Formen der Führung einer Exekutive, sondern nur solche westlich geprägter politischer Systeme (Mesotheorie). Entsprechend ist auch hier das Ergebnis räumlich nur beschränkt gültig. Erkenntnisse aus derart angelegten Studien scheinen den optimalen Mittelweg zwischen Genauigkeit und Reichweite darzustellen. Eine Makroanalyse zielt dahingegen auf den breitest möglichen Ausschnitt der Beobachtung, z. B. die Rollen exekutiver Führungspersönlichkeiten in demokratischen, autoritären und diktatorischen politischen Systemen. Mit den Ergebnissen könnte man eine breit angelegte Theorie exekutiver Führung formulieren (Makrotheorie). Die Erkenntnisse aus solchen Analysen führen oft zu umfassenden Erklärungen der Wirklichkeit, im Extremfall – wie in der Geschichtsphilosophie – des Ablaufs der Geschichte. Auch hier zeigt sich ein Dilemma des Forschungsprozesses: Mikroanalysen sind genau, ihre Aussagen sind räumlich aber beschränkt; Makroanalysen sind ungenau, ihre Aussagen sind räumlich aber breit angelegt.

Ein weiteres Dilemma betrifft das Abstraktionsniveau und die Wahl der Methode: Normalerweise tendieren Untersuchungen mit vielen Fällen zu quantitativen Methoden, Untersuchungen mit wenigen Fällen zu qualitativen Methoden. Das Abstraktionsniveau der Untersuchungen steigt dabei mit der Zahl der Fälle an: Die oben formulierte Forderung nach der möglichst vollständigen Berücksichtigung aller Variablen eines Falles gestaltet sich umso schwieriger, je mehr Fälle bei einer Untersuchung Berücksichtigung finden. Während Einzelfallstudien detaillierte Beschreibungen eines Falles gestatten, ist dies bei der Berücksichtigung vieler Fälle nicht möglich. Zugleich basieren Theorien, welche nur auf Grundlage eines Falles formuliert wurden, auf tönernen Füßen, während Theorien, welche auch durch viele Fälle nicht falsifiziert wurden, einen hohen Grad an Wahrscheinlichkeit besitzen. Gleichwohl können gerade historisch argumentierende Einzelfallstudien zur Überprüfung von Theorien beitragen und auch für meso- oder makrotheoretische Aussagen nützlich sein, während groß angelegte quantitative Studien – wie Einzelfallstudien – an der Entwicklung universaler Theorien scheitern (vgl. Rueschemeyer 2006). In der allergrößten Not, so heißt es in einem geflügelten Wort, bedeutet der Mittelweg den Tod. Dies scheint zumindest für die Methodenauswahl nicht zu gelten.

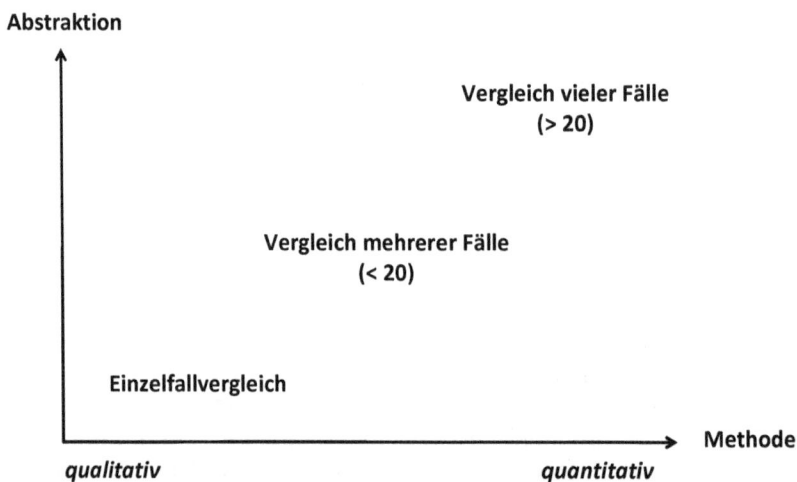

Abb. 2.4:   Abstraktionsniveau und Methodenwahl (eigene Darstellung).

2.4.2   Fallauswahl: Differenzmethode versus Konkordanzmethode

Ebenso wie eine „ideale" Methode besteht auch die „ideale" Fallauswahl eher in einem
Herantasten als in einem sicheren Wissen um die Repräsentativität der untersuchten Fälle.
Verhältnismäßig einfach ist die Auswahl eines einzelnen Falles, sie kann unterschiedlichen
Zielen dienen, wie Tabelle 2.2 zeigt.

Tab. 2.2:   Unterschiedliche Ziele der Fallauswahl.

Ziel der Darstellung	Definition	Beispiel
Repräsentativer Fall	Ein Fall steht für eine Kategorie	Frankreich als semipräsidentielles Regierungssystem
Abweichender Fall	Ein Fall steht für eine Ausnahme	Indien als demokratisches Land mit geringem BIP
Archetypischer Fall	Ein Fall begründet eine Kategorie	Großbritannien als parlamentarisches Regierungssystem
Historischer Fall	Ein Fall steht für ein historisches Beispiel	Demokratie im antiken Athen

Soll mehr als ein Fall untersucht werden, erfolgt die Auswahl meist nicht alleine nach Gesichtspunkten der Notwendigkeit, sondern nach – für den erfolgreichen Forschungsprozess
unumgänglichen – Kriterien der Praktikabilität: Zugang zum Forschungsobjekt, Datenlage,
Kontakte, Ressourcen, Beherrschung der Sprache u. a. m. (vgl. Naßmacher 1991, S. 219).
Immer aber ist ein bestimmtes erkenntnisleitendes Interesse in Form zweier Methoden vorhanden, es zeigt sich in der Wahl zwischen der Differenz- und der Übereinstimmungs- bzw.
Konkordanzmethode. Beide Ansätze gehen auf John Stuart Mill (1806–1873) zurück, der als
erster eine ausführliche Diskussion der vergleichenden Methoden vornahm (vgl. Mill 2003,
VI, 7). Bei der *Differenzmethode* werden ähnliche Fälle
untersucht, um herauszufinden, welche Variablen den
Unterschied ausmachen. Warum differiert ein Phänomen
in ähnlichen Kontexten? Mit Hilfe der *Konkordanzmethode* werden unterschiedliche Fälle verglichen, um
herauszufinden, welche Ursachen für ein gleiches Phänomen trotz unterschiedlicher Rahmenbedingungen verantwortlich sind. Warum stimmt ein Phänomen trotz unterschiedlichen Kontextes überein? Beide Methoden setzen
die Markierung der Untersuchungselemente als abhängige
und unabhängige Variable (s. o.) ebenso voraus wie Be-
scheidenheit bei der Interpretation der Ergebnisse. So
mahnte bereits Mill wegen der ungeheuren Fülle mögli-
cher Ursachen und der geringen Zahl an ähnlichen Fällen
zur Zurückhaltung bei den aus vergleichenden Studien zu
ziehenden Schlüssen (ebd.).

Abb. 2.5: John Stuart Mill.

Die Differenzmethode – most similar cases design

Die Differenzmethode wird auch als *most similar cases, most similar systems design* oder als
comparable cases study bezeichnet. Sie gilt als Errungenschaft der Moderne (vgl. von Bey-

me 1992, S. 329). Bei der Differenzmethode werden die Fälle nach übereinstimmenden ökonomischen, politischen und kulturellen Merkmalen ausgesucht. Die Fälle sollten sich in
vielen Merkmalen ähneln, damit die für Abweichungen infrage kommenden (experimentel-
len) Variablen reduziert werden können. Die Übereinstimmungen bzw. Ähnlichkeiten beziehen sich dabei meist auf den Kontext. So sind beispielsweise die Länder Frankreich, Nieder-
lande und Deutschland Mitgliedsstaaten der Europäischen Union. Innerhalb dieses relativ
ähnlichen Umfeldes sollen nun einzelne isolierte Variablen untersucht werden, z. B. die unterschiedliche Umsetzung von Richtlinien der EU in der Landwirtschaftspolitik. Erfolgt die
Auswahl von Fällen wie hier aus Gründen der geographischen und politischen Nähe, spricht
man auch von *area studies*. Der Fokus solcher Arbeiten liegt auf der Suche nach Ähnlichkeiten und Unterschieden zwischen den untersuchten Systemen. Die Ähnlichkeiten lassen sich
als Variablen gut kontrollieren (z. B. hohes BIP, parlamentarisches Regierungssystem, Grün-
dungsmitglied der EU u. a. m.), interessant sind dann die explanatorischen Variablen, welche
die Unterschiede erklären (z. B. Anteil der Landwirtschaft am BIP). Deren Erklärung unterliegt zwei Annahmen:

1. Die bei den Fällen gemeinsam vorhandenen Merkmale sind für die Erklärung abwei-
    chenden Verhaltens irrelevant.
2. Alle Variablen (bzw. deren Interaktionen), in denen sich die Systeme unterscheiden,
    können für die Unterschiede verantwortlich sein. Trotz der Reduzierung der infrage
    kommenden Variablen ist deren Zahl immer noch erheblich, somit besteht die Gefahr der
    „Überdeterminierung", d. h. Überbewertung des abhängigen Phänomens.

In der Tabelle 2.3 zeigen die Fälle 1, 2 und 3 übereinstimmende Merkmale (a, b und c), der
zu erklärende *outcome* ist jedoch in Fall 3 different (nicht y). Die Erklärung muss entsprechend in einer weiteren Variablen (q) gesucht werden. Da a, b und c gleich sind, kann nur sie
für den *outcome* y verantwortlich sein. Die erklärende Variable ist nur schwer herauszufinden: neben dem Anteil der Landwirtschaft am BIP könnten im genannten Beispiel auch die
Macht von Interessengruppen und/oder parlamentarische Parteien auf die Art und Weise der
Umsetzung von EU-Richtlinien Einfluss nehmen. Manche Autoren sehen deshalb den Nutzen dieser Methode für die Entwicklung neuer Theorien als eher gering an (vgl. Przeworski
und Teune 1970, S. 34).

Die Konkordanzmethode – most dissimilar cases design

Die Übereinstimmungs- bzw. Konkordanzmethode wird auch als *most dissimilar cases* oder
als *most different systems design* bezeichnet. Hierbei werden möglichst unterschiedliche
Fälle ausgesucht, mit dem Ziel, die Existenz übereinstimmender Merkmale mit bestimmten
Variablen zu erklären. Die Tabelle 2.3 zeigt, dass sich die Fälle in Bezug in ihren Kennzei-
chen unterscheiden – bis auf den *outcome* und die Erklärungsvariable (x), die in allen drei
Fällen gleich ist. Da keine andere Variable übereinstimmt, kann vermutet werden, dass die
Variable x für den *outcome* y verantwortlich ist.

Tab. 2.3:   Erklärende Variablen bei Differenz- und Konkordanzmethode.

	Differenzmethode			Konkordanzmethode		
	Fall 1	Fall 2	Fall 3	Fall 1	Fall 2	Fall 3
Kennzei-chen	a	a	a	a	d	g
	b	b	b	b	e	h
	c	c	c	c	f	i
Erklärung	x	x	q	x	x	x
Outcome	y	y	nicht y	y	y	y

Die in der Tabelle dargestellten Konnexe sind allerdings einfach strukturiert, da in den Bei-spielmodellen einfache Ursache-Wirkungs-Relationen angenommen werden. Normalerweise sind politische Systeme viel komplexer: Gleiche Variablen können in einem System stärker wirken als in einem anderen oder in verschiedenen Systemen im Zusammenspiel unter-schiedliche Bedeutung gewinnen. Zudem wird man bei allen Erklärungsvariablen immer wieder auf die politische Kultur als wichtigen Stützpfeiler gesellschaftlicher und staatlicher Strukturen zurückgreifen müssen.

Tab. 2.4:   Kennzeichen von Differenz- und Konkordanzmethode.

	Differenzmethode	Konkordanzmethode
Synonyme	most similar systems design	most different systems design
	most similar cases	most dissimilar cases
	comparable cases study	
Fälle (Kontext)	ähnlich	unähnlich
	Mitgliedstaaten der EU	Europäische Staaten der Zwischenkriegszeit
Operative Variablen	ähnlich	unterschiedlich

2.4.3   Zeitauswahl: synchrone versus diachrone Untersuchung

Nach der Auswahl der Fälle muss die Zeitebene gewählt werden, die temporäre Varianz. Eine Querschnittsanalyse erfolgt über einen kurzfristigen Zeitraum (synchron). Der Vorteil des synchronen Vorgehens besteht darin, dass zahlreiche Fälle untersucht werden können. Der Nachteil bei der Untersuchung vieler Fälle ist jedoch, dass die Kontextvariablen nur schwer kontrolliert werden können. Dahingegen erfolgt eine Längsschnittanalyse über einen länge-ren Zeitraum (diachron). Hierbei handelt es sich oft um zeitversetzte Vergleiche (z. B. eine vergleichende Untersuchung der Weimarer Reichsverfassung mit dem Grundgesetz der Bun-desrepublik Deutschland). Der Vorteil des diachronen Vorgehens ist, dass historische Ent-wicklungen in Form einer *longue durée* und zyklische Bewegungen aufgezeigt werden kön-nen. Der Nachteil besteht darin, dass meist nur wenige Fälle untersucht werden können. Auch ist die Datenlage sehr unterschiedlich und wird mit dem zunehmenden Blick in die Tiefe der Geschichte immer spärlicher. So besitzen wir beispielsweise nur wenige Zeugnisse der politischen Entscheidungsstrukturen und des Funktionierens der politischen Eliten in der Antike, bessere Einsichten haben wir dahingegen auf vergleichbare Untersuchungselemente in der Weimarer Republik, eine noch bessere Datenlage wäre allerdings für eine ähnliche Untersuchung der Bundesrepublik nach der Wiedervereinigung vorhanden.

In diesem Kapitel haben wir gesehen, dass die Vergleichende Regierungslehre die Methode/die Vorgehensweise des Vergleichens nutzt. Vergleich als Methode heißt in diesem Sinne, dass ein politisches System, ein Regierungssystem, eine Regierungsform oder ein Teilbereich davon mit einem oder mehreren anderen verglichen wird. Es handelt sich dabei um ein wissenschaftliches Vorgehen, das in systematischen Untersuchungen Gleiches, Ähnliches oder Verschiedenes erkennt, beobachtet, beschreibt und problemorientiert zu einander in Beziehung setzt, Kausalitäten herausarbeitet und die Ergebnisse bewertet und generalisiert. Dabei werden, wie in anderen methodischen Vorgehensweisen der Politikwissenschaft auch, Hypothesen formuliert und geprüft, Kategorien erstellt und Klassifikationen vorgenommen. Dabei stehen den Forscherinnen und Forschern qualitative und/oder quantitative Methoden der empirischen Sozialforschung zur Verfügung. Qualitative Methoden sind vor allem Beobachtungen, Befragungen oder Dokumentenanalyse. Sie werden eher angewandt, wenn man wenige Kenntnisse von dem Problem hat, das es zu analysieren und zu interpretieren gilt. Quantitative Methoden haben den Vorzug, dass sie Hypothesen genau überprüfen und eine große Menge an Daten erheben und berechnen können. D. h. viele politische Systeme können in den Vergleich einbezogen werden. Da beide Forschungsstrategien ein gemeinsames Ziel habe, können sie auch ergänzend angewendet werden. Denn es geht ja darum, mit dem Vergleich und durch vergleichen mehr über Regierungssysteme zu erfahren, Unterschiede und Gemeinsamkeiten heraus zu arbeiten, diese zu bewerten und Theorien zu entwickeln.

3   Das Erbe des politisch-philosophischen Denkens

In diesem Kapitel stellen wir die Vergleichende Regierungslehre als Erbe der politischen Ideengeschichte vor. Wir gehen auf den Vorbildcharakter politischer sowie sozialer Ordnungen ein und diskutieren Typologien von Staats- und Regierungsformen. Ziel ist es,
1) das Verständnis für die lang anhaltende Diskussion über unterschiedliche Formen der Regierung und des Staates zu entwickeln und
2) das Erkennen der „pädagogischen" Absicht verschiedener Autorinnen und Autoren zu fördern, wenn diese bestimmte politische oder soziale Ordnungen als besonders nachahmenswert oder vorbildhaft beschreiben.

Die Tradition des Vergleichs im politischen Denken ist so alt wie das politische Denken selbst. Schon die frühen uns überlieferten schriftlichen Zeugnisse verdeutlichen das Vorhandensein vergleichender Überlegungen in der Diskussion über politische Ordnungen. Hierzu gab es in den verschiedenen Epochen der Menschheitsgeschichte unterschiedliche Ansätze und Methoden. Zur Untersuchung politischer Systeme[3] bedienten sich die Autoren regelmäßig des Vergleichs. Versteht man den wissenschaftlichen Vergleich als eine lange eingeübte Praxis von Philosophen, Wissenschaftlern und Handelnden unterschiedlicher Herkunft, wird deutlich wie abhängig heutige Wissenschaft vom „alten" Denken ist. Eine solche These stößt nicht immer auf Zustimmung: moderne Begriffe der Wissenschaft und der Forschung werden meist mit dem „Neuen" und bisher „Unbekannten" assoziiert – vielleicht nicht ganz zu Unrecht, denn gerade technische Erfindungen, wie beispielsweise ein mobiles Telefon oder das Internet, sind geschichtlich neue Phänomene, die als soziale Realität auch auf die Politik einwirken. Manche Fragestellungen der Politikwissenschaft hingegen sind alt und auf diese kommt es uns in diesem Kapitel an. Wir zeigen dies zunächst am historisierenden Vergleich, danach an der langen Tradition der vergleichenden Überlegungen zu Staatsformen und Regierungssystemen.

3.1   Das Vorbild der Alten – der historisierende Vergleich: Griechenland und Rom

Eine Traditionsschicht der Vergleichenden Regierungslehre bezieht sich auf den historisierenden Vergleich. Es geht dabei um die Auseinandersetzung mit unterschiedlichen weltgeschichtlichen Epochen, die meist in einer allgemeinen Perspektive untersucht werden.

---

[3]   Der Begriff „politisches System" fand freilich erst im 20. Jahrhundert eine große Anhängerschaft. Er trat an die Stelle des Begriffes „politische Ordnung".

Begriff Epoche

Die Weltgeschichte wird oft in Epochen eingeteilt. Die bis heute geläufigste Einteilung ist diejenige in Antike, Mittelalter und Neuzeit. Andere Einteilungen sind ausführlicher: Griechische Antike, Römische Antike, Spätantike, Mittelalter, Frühe Neuzeit, Moderne, Postmoderne. Umstritten sind bei der Epochendiskussion aber nicht nur die inhaltliche Zuschreibung für diese Begriffe (Was macht eine Epoche aus?), sondern auch die sogenannten Epochenschwellen, also der Zeitpunkt für den Übergang von einer zur anderen Epoche (Wann kann man von einer neuen Epoche sprechen?). Die Einteilung der Geschichte in verschiedene Epochen hat den Sinn, Ordnung und Orientierung in die unendlichen Erscheinungsformen der Kultur zu bringen, womit das untersuchte Material oft erst handhabbar und damit verstehbar wird. Auch die Politikwissenschaft bedient sich dieses Ordnungsrahmens, wenn sie beispielsweise die Organisationsformen des Staates als historisches Phasenmodell darstellt, wie dies mit der Epochenabfolge vom Feudalstaat, Ständestaat, absolutistischen Staat, dem liberalen Staat und dem Verfassungs- und Wohlfahrtsstaat geschieht.

Wichtig wurden solche Auseinandersetzungen immer dann, wenn es darum ging, politisch-kulturelle Aspekte und Wesensmerkmale ganzer Epochen gegeneinander abzugrenzen. Den Autorinnen und Autoren geht es um die Gründe für das Auftauchen und Verschwinden neuer Staaten (Staatenvergleich) oder Völker und Kulturen (Kulturvergleich), den Zusammenbruch und Aufstieg von Reichen (Stabilität des politischen Systems) oder, wie etwa bei Benjamin Constant (1767–1830), um die Analyse unterschiedlicher Verständnisse von „Freiheit" (Begriffsgeschichte).

Historisierende Vergleich sucht nach Vorbildern

Der historisierende Vergleich zielt oft auf den Vorbildcharakter bestimmter politischer Ordnungen, wie er bis heute immer wieder von Autorinnen und Autoren bewusst oder unbewusst diskutiert wird. Hierzu gehört beispielsweise die neu entfachte Diskussion über Imperien, deren Entstehungsbedingungen und Ordnungsfunktionen (siehe Münkler 2005). In der Ideengeschichte stand lange die Antike auf dem Prüfstand. Das große „Griechenland-" oder „Romgespräch" hatte hier eine didaktische Zielrichtung: die Tendenzen der eigenen Zeit sollten am klassischen Paradigma gemessen, Nachahmenswertes und Abzulehnendes deutlich werden. Es ging um die Frage, welche Traditionen bis heute überliefert sind und was als Eigenes hinzukam. Dabei wurde vorausgesetzt, dass die geschichtliche Erfahrung unmittelbaren Nutzen für die heutige Politik birgt. Die in der Vergangenheit zu findende Größe und die damals gemachten Fehler sollten der Gegenwart als Vorbild und Mahnung dienen – eine Vorstellung, die bis heute in der klassischen Philologie, in den Latein- und Griechischkursen an den Gymnasien überlebt hat. Der Vorbildcharakter des Alten war allerdings auch immer umstritten, wie die berühmte *Querelle des anciens et des modernes* lehrt.

Querelle des anciens et des modernes – der Streit der Alten gegen die Neueren

Die Gegenüberstellung der „Alten" mit den „Neueren" erlaubt eine Auseinandersetzung über die Gegenwart, welche oft einhergeht mit heftiger Kritik an der „modernen" Politik oder einer Verteidigung derselben gegen nostalgische Versuche, längst vergangene Verhältnisse als Ideale zu beschwören. Diese Auseinandersetzung führte von der Frühzeit bis heute zu einem

Prozess der langsamen Ablösung der modernen Konzeptionen von Politik vom antiken Kanon. Immer aber steht die Frage im Mittelpunkt: Was haben uns die Alten (noch) zu sagen? Stehen wir – wie Bernhard von Chartres meinte – auf den Schultern von Riesen (den antiken Autoren)? Ist alles Philosophieren nur – wie Alfred North Whitehead mutmaßte – eine Fußnote zu Platon? Oder steht jede Epoche auf eigenen Beinen? Diese Ungewissheiten sind eng mit der Position zum „Fortschritt" verbunden, der zentralen Metapher neuzeitlichen Wissenschaftsverständnisses.

Die Antike kannte noch keinen infiniten (unendlichen) Fortschrittsglauben. Dieser entwickelte sich erst in der Neuzeit. Manche Autoren betonen hierbei die Rolle des Christentums. Es habe durch Vorstellungen eines geschichtlichen Universalismus und eines heilbringenden Eingreifen Gottes in die Menschheitsgeschichte den modernen Fortschrittsbegriff erst ermöglicht. Im Rahmen einer aufklärerischen Geschichtsphilosophie und konkreter Fortschrittserfahrungen (z. B. im Rahmen der Naturbeherrschung) entwickelte sich zugleich in der Neuzeit ein säkularer Fortschrittsglaube. So konkurrierte die heilsgeschichtliche christliche Vorsehung mit einem von Karl Marx und Friedrich Engels entworfenen Stufenmodell der gesellschaftlichen Entwicklung in Form einer „finalisierten Geschichte".[4] Auch in der Antike gab es Fortschrittserfahrungen, ausgelöst vom Zivilisations- bzw. Kulturstolz, folglich konnten antike Autoren Szenarien des Niedergangs oder des Aufstiegs von Kulturen beschreiben. Das goldene Zeitalter bei Ovid oder das sagenumwobene untergegangene Atlantis sind nur zwei Beispiele hierfür. Der Glaube an einen unendlichen Fortschritt war dem antiken Denken allerdings fremd. Dies wird in den erkenntnistheoretischen Schriften Platons oder Aristoteles' deutlich: Hier steht nicht der ruhelose Fortschritt im Mittelpunkt, sondern die Vervollkommnung oder zielorientierte Selbstentfaltung des Menschen, wie sie z. B. in der Lehre von der Verfassungsmischung vorkommt (vgl. Faul 1984, S. 251–254).

Die Auseinandersetzung mit den antiken Vorbildern fand in einer von vielen Autoren empfundenen Spannung statt: zwischen Epigonenbewusstsein und der Ansicht, auf gleicher Augenhöhe zu stehen oder die Antike sogar übertreffen zu können. Waren die „Alten" tatsächlich nachahmenswert oder hoffnungslos unzeitgemäß? Einen Disput hierüber löste Charles Perrault (1628–1703) mit seinem vor der Academie française vorgetragenen elogenhaften Gedicht „Sur le siècle de Louis le Grand" 1687 zur Regierung des Sonnenkönigs Louis XIV. aus. Er mündete in die *Querelle des anciens et des modernes* (1687–1697). Hierbei ging es zunächst um ästhetische Fragen wie derjenigen nach den Unterschieden zwischen moderner und alter Literatur oder Kunst. Alsbald wurden diese aber auch ergänzt mit grundsätzlichen

Abb. 3.1: Charles Perrault.

---

[4] Karl Marx (1818–1883) und Friedrich Engels (1820–1895) entwarfen ein von einer „Urgesellschaft" ausgehendes Entwicklungsmodell (aller) Gesellschaften. Konflikte zwischen sich diametral gegenüberstehenden gesellschaftlichen Schichten bringen demnach neue Entwicklungsstufen bis zur klassenlosen Gesellschaft hervor. Nach der Urgesellschaft folgte die „Sklavenhaltergesellschaft" der Antike (mit dem Gegenüber von Sklaven und Freien), hierauf der Feudalismus des Mittelalters (Baron und Leibeigene) und hernach die moderne bürgerliche Gesellschaft (Bourgeois und Proletarier). Diese letzte Stufe wird in der klassenlosen Gesellschaft überwunden.

Erwägungen zu den Wissenschaften und der Frage nach den Möglichkeiten des Fortschritts.

Die unterschiedlichen Positionen diesbezüglich spalteten sich in drei Lager: Berühmtester Befürworter einer weltgeschichtlichen Spitzenstellung der Gegenwart war der ansonsten für seine Märchensammlung berühmte Perrault. Seine These lautete: Wissenschaft und Künste befinden sich auf einem Weg des Fortschritts von der frühen Zeit bis in die Gegenwart hinein. Frankreich habe unter Louis XIV. Griechenland und Rom überflügelt (vgl. Perrault 1688–1697).[5] Perrault vollzog damit einen Bruch mit der überzeitlichen Gemeinsamkeit von Altertum und Gegenwart. Seine eigene Epoche erschien als einzigartig und unvergleichlich. Dennoch blieb er der in der Renaissance populären und von den Stoikern übernommenen Zyklentheorie verhaftet, wonach Staaten, Gesellschaften und Kulturen unweigerlich verschiedene Stadien der Entwicklung durchschritten: von der Bedeutungslosigkeit zur Hochkultur und dem anschließenden Verfall. Solche Theorien fanden zu allen Zeiten ihre Anhänger. Ihnen liegt die These zugrunde, wonach die historischen Fälle zwar einzigartig sind, sich aber dennoch bestimmte Muster der Entwicklung herausarbeiten lassen: Aufstieg, Höhepunkt und Niedergang (vgl. zu modernen Autoren dieser Tradition Spengler 2000; Kennedy 1991; Diamond 2006).

Die Verteidiger der Vorrangstellung des Altertums erkannten zwar meist die Errungenschaften der neueren Wissenschaft und Technik an, sie verwahrten sich jedoch gegen eine Interpretation der Antike einzig in Bezug auf die Gegenwart. Für sie standen das homerische Griechenland und die frühe Zeit der Römischen Republik normativ höher, manchmal mit der Begründung, sie befänden sich näher am Ursprung des Menschen. Montesquieu (1689–1755) betonte – den Gegenstand der *Querelle* aufgreifend – in den „Lettres persanes", dass es nichts Neues zu entdecken gäbe (LXVI), dass die alten Bücher vor den neuen zu lesen sind (CVIII), dass man die Alten nicht zu übersetzen brauche, da sie doch von allen verstanden würden (CXXVIII) (vgl. Montesquieu 2004). Die Anhänger des Altertums schufen so ein Kontrastbild zu ihrer Gegenwart. Diese wurde oft als Ergebnis eines Verfallsprozesses oder der Dekadenz gesehen. Die Antike erhielt hingegen Modellcharakter. Forderungen nach gesellschaftlichen Reformen, die Kritik an der Geldwirtschaft, am Luxus oder am Bedeutungsverlust des Landbesitzes schlossen sich an.

Der wichtigste und zugleich vermittelnde Beitrag zu den *Querelle* kam aus England von William Wotton (1666–1727) (vgl. Wotton 1644). Wotton nahm eine ausgleichende Position ein: Er trennte scharf zwischen unterschiedlichen Formen der Entwicklung von (Natur-) Wissenschaft und Kunst. Naturwissenschaftliche Erkenntnis war für ihn kumulativ: die Wissensbestände erweiterten sich fortdauernd. (Wotton berücksichtigte nicht, dass Wissen auch verloren gehen kann.) Es war demnach sinnvoll, Newton als fortschrittlicher im Vergleich zu Archimedes zu betrachten. Für die Werke der Kunst träfe dies nicht zu: Meisterwerke der Antike könnten somit weiterhin unüberboten bleiben (vgl. Faul 1984, S. 273–274).

Ursprung der Demokratie in Athen

Die Rezeption, d. h. die Aufnahme, Interpretation und Weiterentwicklung der griechischen Antike fand im westlichen Denken große Resonanz, weil die Diskussion zahlreicher auch

---

[5]   Gleichwohl relativierte der Autor diese Sicht und argumentierte mit zunehmender Dauer seiner Diskussionsbeiträge, die zwischen 1688 und 1697 erschienen, für eine im Sinne Wottons (s. u.) relativierende Sicht und verwies auf das jeder Epoche eigene Empfinden von Schönheit: Kunstwerke können sich demnach in allen Zeiten dem Idealen nähern.

heute noch wichtiger Begriffe wie Tugend, Wissenschaft und Politik erstmals von den Grie-chen ausging. Damals entstandene Texte zur Literatur, Naturwissenschaft, Philosophie und politischen Theorie gelten oft als „Gründungsdokumente" ihrer jeweiligen Disziplinen.

Auch die Ursprünge der Demokratie werden im alten Athen vermutet. In der Rezeptionsge-schichte wies man aber erst im 19. Jahrhundert verstärkt auf diese „Wiege der Demokratie" hin. Bis dahin konzentrierte sich das Interesse an den Griechen (oder den Hellenen, wie sie ursprünglich genannt wurden) vor allem auf die Kultur. Weder in der römischen noch in der späteren Rezeption der griechischen Denker und Philosophen nahmen die dort vorzufinden-den Beschreibungen der demokratischen Regierungsform eine wichtige Rolle ein. Mit Platon und Aristoteles teilten bis ins 19. Jahrhundert viele Autoren ihre Skepsis gegenüber einer „Herrschaft des Volkes". Die Wirkung des römischen Rechts, der Römischen Republik und des Römischen Reichs waren zunächst größer (vgl. Näf 2007, S. 392 ff.).

Die Grundlagen des Regierungssystems Demokratie als Volksherrschaft werden erstmals mit den Reformen des Kleisthenes um 508/507 v. Chr. verbunden. Tatsächlich praktizierten die Griechen in der hellenistischen Zeit demokratische Verfahren (z. B. Wahl) und besaßen poli-tisch-kulturelle Einstellungen (prinzipielle Gleichheit der Bürger), welche den heutigen de-mokratischen Gepflogenheiten ähneln. Dem steht jedoch entgegen, dass sich demokratische Gesellschaften insbesondere durch den Gleichheitsgedanken auszeichnen: ihre Mitglieder haben demnach im Gemeinwesen gleiche Rechte und Pflichten. In der klassischen atheni-schen Demokratie waren die Gesellschaften in freie und unfreie Menschen (Sklaven) geteilt.[6] Die Grenze zwischen Antike und Moderne bezeichnet nach dieser Interpretation die Ent-wicklung der Menschenrechte und damit auch das Gleichheitspostulat. Gleichwohl sind bestimmte Prinzipien der antiken Polis[7] wirksam geblieben: Der Bürgerschaftsgedanke wur-de lediglich radikalisiert und auf alle Menschen ausgeweitet. Oft wird die mittelbare Demo-kratie (repräsentative Demokratie) für wesensunterschiedlich zur aristotelischen Konzeption der unmittelbaren Demokratie in der Polis verstanden. Wie Dolf Sternberger jedoch zeigt, wurde die Poliskonzeption den verschiedenen neueren Herrschaftsformen angepasst und hat damit bis zu unserem heutigen Begriff von repräsentativer Demokratie überlebt. In den „Drei Wurzeln der Politik" spricht Sternberger von einer „Metamorphose" (S. 399). Diese verweist auf die evolutionär bedingte Anpassung ursprünglicher Ideen: Sternberger sieht diese antike Ursprungsidee in der Partizipation der Bürger an der Legitimation von Herrschaft. Nach dieser Lesart blieb das zentrale Ordnungsprinzip der Antike bis heute erhalten (vgl. Sternber-ger 1978, S. 403–404).

---

[6] Die gesellschaftliche Gliederung der Polis bestand aus Männern, Frauen, Kindern, Metöken und Sklaven. Die Metöken waren (meist) zugewanderte (freie) Fremde, ihnen fehlten bestimmte Merkmale des Bürgerstatus, wie das Recht, Grundbesitz zu erwerben. Nur die volljährigen männlichen Bewohner galten als gleichberechtigt und damit als Vollbürger mit der Möglichkeit an der Volksversammlung, an Wahlen und Abstimmung und am Losverfahren, z. B. für die Besetzung bestimmter Ämter, teilzunehmen. Gleichwohl verklärten viele Autoren eine angeblich vorhandene Gleichheit, wie etwa der französische Adelige Charles-Louis de Secondat Baron de la Brède et de Montesquieu in seiner Interpretation Roms (vgl. Montesquieu 1951, IX).

[7] Als Polis bezeichnet man den antiken griechischen Stadtstaat. Er bestand aus einer (meist) kleinen Kernsied-lung und umliegenden Gehöften. Die Poleis waren Bürgergemeinden mit starker gemeinschaftlicher Ausrich-tung.

Rom als mahnendes Beispiel von Untergang ...

Seit der Antike haben zahlreiche Autoren die Idee verfolgt, wonach Völker, Staaten und Kulturen in Zyklen entstehen, ihren Höhepunkt erleben und wieder untergehen. Vielfach wurde dieses Phänomen im Rahmen von Betrachtungen zur Römischen Republik und Monarchie untersucht. Edward Gibbon (1737–1794) etwa identifizierte mit Hilfe institutioneller und religiöser Variablen in der Auseinandersetzung von alter und neuer Welt unterschiedliche Phasen des Verfalls (vgl. Gibbon 2004).

Das Interesse der Autoren galt der Frage nach den Ursachen von politischer Stabilität und vor allem den Gründen nach dem Niedergang der politischen Ordnung. Hierzu bot sich der Vergleich mit Rom, dem beeindruckenden Beispiel der Weltgeschichte an. Die Überlegung hinter den Untersuchungen waren einfach: War es möglich, eine Erklärung für die Ursachen des Verfalls eines Staats zu finden, konnte ein Niedergang (der gegenwärtigen) politischen Ordnung vermieden werden. Ein Gedankengang der insbesondere in der Aufklärung an Bedeutung gewann. So gilt Rom bei Montesquieu als ein sich gesetzmäßig entwickelndes Staatswesen. Es hat Beispielcharakter für andere, weil die dort zu findenden Formen, Regeln und Grundgesetze den geschichtlich-staatlichen Ablauf in „völliger Reinheit verkörpern" (Rehm 1930, S. 99).

Im christlichen Denken entsteht hierbei zum ersten Mal ein „tragischer Geschichtsaspekt": Die Welt ist dazu da, vergänglich zu sein und zu enttäuschen. Damit wird der Untergang des heidnischen Roms aus Gründen der Dekadenz und der ungerechten Ordnung als unumgängliche geschichtliche Notwendigkeit interpretiert. Zugleich entsteht ein Kontinuitätsdenken, wonach die Christianisierung der alten Zentrale zur Erfüllung der weltgeschichtlichen christlichen Mission gehört. Die Ursachen des Niedergangs sind entsprechend in der göttlichen Vorsehung zu sehen (vgl. Augustinus 1991; Bossuet 1771). Die christliche Geschichtsinterpretation führte damit zur Identifizierung einer Anfangs- und Endzeit der Geschichte und einer ausgeprägten Literatur, die sich der Spekulation über diese Frage annahm. Für Autoren, welche andere Ursachen als die göttliche Vorsehung im Weltenverlauf ausmachten, standen zyklische Geschichtsvorstellungen im Vordergrund. Beim Untergang spielten für diese eher das (fehlende) Glück (vgl. Machiavelli) oder das Schicksal (vgl. Montesquieu 2000) die wichtigste Rolle.

... und Größe

Ebenso wie der Verfall konnte auch die Größe Roms mit Hilfe des Funktionierens seiner Institutionen erklärt werden. Berühmtheit für diese Interpretation erlangte Polybios (um 200 v. Chr. – um 120 v. Chr.). Er stammte aus der Polis Megalopolis in Arkadien, arbeitete als Diplomat für den föderal organisierten und zum Zwecke der politischen und militärischen Einheit gegründeten achäischen Bund. Zugleich bekleidete er hohe Posten beim Militär. Nach dem römischen Sieg bei Pydna 168 v. Chr. wurde er als Geisel nach Rom verbracht. Dort bewegte er sich in den Kreisen der politischen und kulturellen Eliten. Als Augenzeuge und (als unterlegener) Mitbeteiligter am Aufstieg Roms war er von dessen rascher Machtausdehnung tief beeindruckt (vgl. Polybios 1978/79, VI, 1; VIII, 4; XXXIX, 8). In nur rund fünfzig Jahren zwischen dem zweiten punischen Krieg und der Pydna-Schlacht (220 bis 168 v. Chr.) entwickelte sich Rom zur beherrschenden Hegemonialmacht im Mittelmeerraum. In seinem monumentalen Werk „Geschichte" sucht Polybios nach Erklärungen für diese Entwicklung. Er vergleicht die Größe Roms mit dem persischen und makedonischen Weltreich und kommt zum Ergebnis, dass erst die Römer die westliche und östliche Welt miteinander verbanden. Trotz der Niederlage in der Schlacht von Cannae (216) konnte Rom eine weltge-schichtliche Sonderstellung erreichen. Die Gründe für die Größe Roms erläutert Polybios an drei Variablen: *Erstens* verweist er auf das allgemeine Schicksal (*tyche*), auf Bedingungen, deren Ursache man nicht erklären kann und die im göttlichen Handeln gesucht werden, wie dies bei Naturkatastrophen der Fall ist – eine Sichtweise, welche allerdings einer „pragmati-schen" Geschichtsschreibung widerspricht. Menschliches Handeln unterliegt laut Polybios psychologischen Motiven, die durchaus erklärt werden können. Er betont deshalb *zweitens* die gelungene militärische Führung der Römer, die, gepaart mit dem Opfersinn seiner Solda-ten und Bürger, zum Aufstieg beitrug. Die wichtigste Variable aber ist *drittens* das einzigarti-ge politische Regime Roms (*politeia*).

Abb. 3.2:   Politik in Rom: Cicero spricht vor dem Senat (Fresko von Cesare Maccari, 1889).

Polybios lobt die in Rom nach seiner Einschätzung vorzufindende Mischverfassung: Sie besteht aus monarchischen (Konsulat), aristokratischen (Senat) und demokratischen (Volks-versammlung) Elementen (Polybios 1978/79, VI, 11; 15–18). Diese ergänzen und hemmen sich in ihrer Machtausübung gegenseitig, womit ein außerordentliches Gleichgewicht und ein stabiles politisches System entsteht (VI, 3; 7). Auch aus dem Vergleich zu den griechischen Stadtstaaten und der Verfassung Karthagos folgert Polybios die Überlegenheit der römischen Staatsform. Der Vorzug dieser Verfassung sei, dass

> „kein Teil über Gebühr Macht gewinnen kann und so der ihr entsprechenden Entartung anheimfällt, sondern die einzelnen Machtfaktoren so gegeneinander ausgewogen sind, daß keiner das Übergewicht erhält und den Ausschlag gibt, daß sie vielmehr im Gleichgewicht bleiben wie an einer Waage, daß die widerstreitenden Kräfte sich gegenseitig aufheben und infolgedessen der Staat auf lange hin erhalten bleibt" (Polybios 1978/79, VI, 10).

Die Zuordnung von Bevölkerungsgruppen zu Organen der Verfassung unterscheidet die gemischte Verfassung bei Polybios von ähnlichen Entwürfen des Aristoteles: Alle Gruppen der Gesellschaft haben hier Anteil an den Ämtern und an den Verfassungsrechten. Allerdings ist es eine „separative Mischung": jede Bevölkerungsgruppe hat ein eigenes, getrenntes Verfassungsorgan. Dieses Modell wird für spätere Denker zum Prototyp einer stabilen, gemischten Verfassung (vgl. Wember 1977, S. 208). Instabilität entsteht laut Polybios hingegen durch die Dominanz einer der drei Bevölkerungsgruppen über eine andere. So scheiterten Verfassungen wie Karthago am Ziel der Systemstabilität (Polybios 1978/79, I, 12; 13): trotz anfänglicher Erfolge übernahm das Volk einen zu großen Anteil an der Verfassungsmacht, damit konnte das Gleichgewicht der verschiedenen Verfassungselemente nicht aufrechterhalten werden (VI, 51).

Polybios ergänzt seine Beobachtung der Mischverfassung mit einem Kreislaufmodell von Verfassungsordnungen (Polybios 1978/79, VI, 5 ff.). Er orientiert sich hierbei an der sechsteiligen Typologie des Aristoteles (s. u.). Nach einer Zeit des Aufstiegs und der Blüte entarten die Verfassungen demnach „mit Naturnotwendigkeit" (VI, 9) und gehen zugrunde: das Königtum entartet zur Tyrannis, die Aristokratie zur Oligarchie, die Demokratie zur Ochlokratie. Gründe hierfür liegen in der unweigerlich bei den meisten Menschen vorhandenen Habgier und Genusssucht – ein Schicksal, welches auch Rom eines Tages erleiden wird. Um dies zu verhindern beziehungsweise so lange wie möglich aufzuhalten, müssen die drei „guten" Verfassungen Monarchie, Aristokratie und Demokratie entsprechend gemischt werden.

Wichtig blieb die aus dem Verfassungsvergleich entstandene Idee der Mischverfassung. Sie findet in der Ideengeschichte bei Machiavelli und Montesquieu weitere Ausformungen (s. u.). Und aus ihr entwickelte sich in der Moderne das zentrale Prinzip des Verfassungsstaates: die Gewaltenteilung (vgl. Hofmann, Riescher 1999, S. 117 ff.).

Begriff Gewaltenteilung

Unter dem Begriff Gewaltenteilung versteht man die Aufteilung einer im Prinzip einheitlichen Staatsgewalt (Souveränität). Die Mischverfassung diente dem Zweck, verschiedene Bevölkerungsgruppen (Monarch, Adel und Bürger) in die Entscheidungen des politischen Systems einzubeziehen. Damit ging ein gewaltenteilender Effekt einher. Die Gewaltenteilung moderner Staaten basiert hingegen auf rechtlichen, über die Verfassung abgesicherten Arrangements: dabei kommt es zur Verteilung verschiedener Staatsfunktionen auf unterschiedliche Staatsorgane (Staatsoberhaupt, Parlament, Gerichte u. a.). Weitere Bestimmungen sorgen für die Begrenzung der Amtsdauer, ein Mehrparteiensystem oder definieren die Rolle der parlamentarischen Opposition.

3.2   Staatsformen und Regierungsformen

Die Begriffe „Staatsform" und „Regierungsform" scheinen nur auf den ersten Blick unproblematisch. Die Unterscheidung zwischen beiden wird erst seit Jean Bodins (um 1529–1596) bahnbrechendem Werk „Six Livres de la République" (Bodin 1986) mit dem „status rei publicae" (Staatform) und der „ratio gubernandi" (Regierungsform) benutzt (vgl. Beyme 1999, S. 15).

Tab. 3.1:   Staatsform versus Regierungsform.

	Form	Frage	Synonym
Regierungsform	Form der politischen Herrschaft	Wie wird regiert?	Herrschaftsform Regierungssystem Form of Government Politisches System Form of Governance
Staatsform	Form der politischen Herrschaftsorganisation	Wer regiert?	Regimetyp Constitution

Die *Regierungsform* bezeichnet die Form politischer Herrschaft. Durch ihre Beschreibung kann auf die Frage geantwortet werden: „Wie wird regiert?". Als Synonyme findet man auch die Begriffe „Herrschaftsform" oder „Regierungssystem", aus dem englischen Sprachgebrauch sind „(form of) government" oder „(form of) governance" in die politikwissenschaftliche Fachsprache vorgedrungen. Die *Staatsform* bezeichnet die Form der politischen Herrschaftsorganisation. Durch ihre Beschreibung kann auf die Frage geantwortet werden: „Wer regiert?". Manchmal werden auch die Begriffe „Regimetyp" oder „constitution" als Synonyme benutzt. Folgende Tabelle zeigt, wie differenziert die Beantwortung der Frage nach den Regierenden ausfallen kann, je nach Nutzung unterschiedlicher Kriterien zur Klassifizierung von Staatsformen.

Tab. 3.2:   Verschiedene Ordnungskriterien.

Ordnungskriterium	Typologie		
Zahl der Herrschenden	Monarchie (einer)	Aristokratie (wenige)	Demokratie (viele)
Legitimationsquelle des Staatsoberhauptes	Monarchie	Republik	
Stellenwert des Rechts	Rechtsstaat	Verfassungsstaat	Diktatur
Organisation des Staates	Föderalstaat/Bundesstaat	Einheitsstaat/Zentralstaat	

Der Diskussion um Staats- und Regierungsformen liegt eine zentrale Unterscheidung zugrunde: Es gibt Regierende und Regierte. Je nachdem mit welcher Intention von beiden Gruppen gesprochen wird, werden diese auch Souverän und Untertan, Herrscher und Beherrschte, Staat und Bürger genannt. Der Begriff „Regierende" wird von konservativen Autoren divinisiert, er entspringt bei diesen einer natürlichen Ordnung. Hierarchie ist dann ein Naturgesetz, der Monarch erhält seine Legitimität direkt von Gott. Mit dem zunehmenden Bedeutungsgewinn der „Gleichheit" im politischen Diskurs seit der amerikanischen Unabhängigkeitserklärung (1776) und der Französischen Revolution (1789) bekam der Begriff „Regierte" eine negative Konnotation: er wurde diabolisiert. Als Ideal wurde die Abschaffung der Herrschaft des Menschen über den Menschen erachtet. Eine vermittelnde Position übernahmen Autoren, die für eine verfassungsrechtliche Einhegung von Herrschaft plädierten: diese sieht die Wahl der Regierenden vor und vergibt Herrschaft nur auf Zeit. Damit verschob sich das grundlegende Legitimationsprinzip von Herrschaft von einer Willensbekundung Gottes zu einer Willensbekundung des Volkes bzw. der Wähler (vgl. Bendix 1978). Diese unter dem Begriff Konstitutionalismus im 19. Jahrhundert wirkungsmächtig werdende

Idee hat sich bis heute in den meisten Regionen der Welt durchgesetzt (vgl. Bobbio 2001, S. 231–234).

Der Beginn der Diskussion über die Unterschiedlichkeit der Regierungssysteme lässt sich in den alten Reichen der Hellenen und Perser verorten. Zwei Erfahrungsbereiche führten zur Auseinandersetzung mit diesem Thema: Zum einen lud das Nebeneinander zahlreicher Poleis zu einem Vergleich der dort praktizierten Regierungsformen ein. Die Erfahrung mit den relativ unabhängigen Kleinstaaten zeigte zweitens, dass diese oft ein Stabilitätsproblem besaßen: sie waren außenpolitisch ständig durch kriegerische Auseinandersetzungen in ihrer Existenz bedroht und innenpolitisch änderte sich durch Umstürze und Machtübernahmen oft der Charakter des Regierungssystems. Damit trat der Wandel der Verfassungen, die Metabolé-Theorie, in den Mittelpunkt des Interesses. Der Schriftsteller W. G. Sebald drückt diesen allen Systemen innewohnenden Wandel besonders schön und poetisch aus: „Es verläuft nämlich die Geschichte jedes einzelnen, die jedes Gemeinwesens und die der ganzen Welt nicht auf einem stets weiter und schöner sich aufschwingenden Bogen, sondern auf einer Bahn, die, nachdem der Meridian erreicht ist, hinunterführt in die Dunkelheit" (Sebald 2001, S. 33–34).

3.2.1   Die klassische Typologie der Regierungsformen: Herodot

Herodot von Harlikarnassos (um 484 v. Chr. – um 425 v. Chr.) gilt in der Geschichtswissenschaft je nach Lesart als „Vater der Geschichte" (Cicero 2004, I, 5) oder – aufgrund seiner mündlichen Quellen sowie seiner narrativen und mit zahlreichen Anekdoten angereicherten Texte – auch als „Vater der Lüge" (vgl. Evans 1968). Wie dem auch sei, ein Pionier war der aus Kleinasien stammende und weit gereiste Autor für die Vergleichende Regierungslehre aus zwei Gründen: *Erstens* weist er mit seinem Werk „Historien" den Weg für jede vergleichende Wissenschaft: an deren Ursprung steht zunächst das „Wissenwollen" und das „Verstehenwollen" fremder Kulturen. Hierzu bedarf es einer intellektuellen Grundhaltung gegenüber dem Untersuchungsgegenstand, eine gewisse Empathie, also die Bereitschaft und Fähigkeit, sich in andere Menschen einzufühlen – ähnlich wie Herodot sie in der Beschreibung

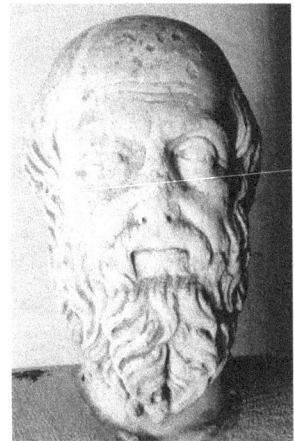

Abb. 3.3: Herodot.

von Persern und Ägyptern zeigt. *Zweitens* ist die erste Klassifikation und Diskussion von Regierungssystemen aus seiner Feder erhalten. Hierzu nutzte er die dialogische Methode mit Rede und Gegenrede, indem er Vor- und Nachteile der verschiedenen Regierungsformen mittels einer Diskussion erörtert. Herodot beschreibt die Debatte unter einer Gruppe von Männern, die nach einem Umsturz über die künftige Staatsform Persiens beraten:

> „Als sich die Unruhe gelegt hatte und mehr als fünf Tage vergangen waren, hielten die Männer, die sich gegen die Mager erhoben hatten, eine Beratung über die gesamte Lage des Reiches ab [...] Otanes forderte mit folgenden Worten dazu auf, die Herrschaft auf alle Perser zu übertragen: »Ich meine, dass nicht mehr einer von uns Alleinherrscher werden soll, denn das ist weder angenehm noch gut [...] Wie könnte denn die Alleinherrschaft eine verlässliche Sache sein, wenn es ihr ohne jegliche Verantwortung möglich ist zu tun,

was sie will? [...] Mein Votum also lautet, dass wir die Alleinherrschaft aufgeben und die Volksmenge an die Macht bringen, denn bei den vielen liegt alles.«

Otanes brachte also diese Meinung vor, Megabyzos aber forderte dazu auf, eine Herrschaft von wenigen (*oligarchia*) einzurichten, indem er Folgendes vorbrachte: »Was Otanes über die Abschaffung der Tyrannis gesagt hat, soll auch in meinem Sinn gesagt sein; dass er aber dazu auffordert, die Macht auf die Volksmenge zu übertragen, in diesem Punkt hat er die beste Absicht verfehlt. Es gibt nämlich nichts Unverständigeres und Hochmütigeres als die nutzlose Masse [...] Diejenigen, die es mit den Persern schlecht meinen, sollen das Volk heranziehen, uns aber lasst ein Gremium der besten Männer auswählen und ihnen die Macht übergeben.« [...]

Megabyzos brachte also diese Meinung vor, als Dritter aber legte Dareios seine Ansicht dar, indem er Folgendes sagte: »Was Megabyzos über die Volksmenge gesagt hat, scheint er mir treffend gesagt zu haben, nicht zutreffend aber das, was er über die Herrschaft von wenigen (*oligarchia*) gesagt hat. Ich behaupte, dass von den drei Staatsformen, die zur Debatte stehen und die alle in ihrer besten Ausprägung angenommen werden, nämlich beste Volksherrschaft, beste Oligarchie, beste Alleinherrschaft, die Letztere bei weitem den Vorzug verdient. Nichts nämlich dürfte offensichtlich besser sein als ein Einziger, wenn er der Beste ist.«" (Herodot 2007, III, 80 ff.)

Otanes spricht sich also für die Demokratie, Megabyzos für die Aristokratie bzw. Oligarchie und Dareios für die Monarchie aus. Herodot verarbeitet hier Erfahrungen aus dem Neben- und Gegeneinander verschiedener Herrschaftsformen in der antiken Welt. Diese unterscheidet er primär durch die Anzahl derjenigen, welche die Kompetenz zur politischen Entscheidungsfindung besitzen: steht diese nur einer Person zu, handelt es sich um eine „Monarchie", wird sie von wenigen wahrgenommen, um eine „Oligarchie", und sind alle daran beteiligt, um „Demokratie".

Tab. 3.3:   Einteilung bei Herodot.

Zahl der Herrschenden	Einer	Wenige	Viele
	Monarchie	Oligarchie	Demokratie

Sodann werden sekundäre Merkmale diskutiert, insbesondere in Bezug auf die Stabilität der Herrschaft oder die Möglichkeiten von Korruption bei der Regierungspraxis. Dies führt Herodot zur Frage nach der „besten" Regierungsform – eine Frage, welche die politische Theorie bis heute umtreibt. Auch sein typologischer Entwurf sollte bis zum vernichtenden Urteil Georg Wilhelm Friedrich Hegels (1770–1831) in immer neuen Abwandlungen, Ergänzungen und Differenzierungen die Diskussion bestimmen. Hegel erachtete zwar die von Herodot angeführte Unterscheidung für die Antike für richtig, doch für den entwickelten modernen Staat – für Hegel war dies die konstitutionelle Monarchie – verwarf er sie als unbrauchbar. Sie basiere lediglich auf der oberflächlichen und äußeren Einteilung durch das Kriterium der Zahl an der Herrschaft Beteiligten und berücksichtige nicht die im modernen Staat sich in zahlreichen Bereichen ausdifferenzierende Gesellschaft (vgl. Hegel 1995, § 273).

3.2.2   Von der „besten" zur idealen Staatsform: Platon

Auch Platon (427–347 v. Chr.) beschäftigt sich in seinem
umfang- und folgenreichen Werk mit der Frage nach der
besten Staatsform. Diese muss einer zentralen Forderung
entsprechen: sie muss Gerechtigkeit ermöglichen. Von
der Suche nach der empirisch besten Staatsform ist es
dann nur ein kleiner Schritt zur Vorstellung einer idealen
Staatsform. Dabei fallen Staat und Mensch in eins: Der
Begriff der Gerechtigkeit kann sowohl auf Einzelmen-
schen wie auf Staaten angewandt werden. Die platonischen Erkenntniswege sind dabei optimistisch: ein ge-
rechtes Gemeinwesen kann in der intellektuellen Auseinandersetzung grundsätzlich ge- und erfunden werden –
damit ist eine gerechte Gesellschaftsordnung möglich.
Allerdings tritt bei Platon auch ein typisches Interpretati-
onsproblem der Ideengeschichte zu Tage: Er verändert
seine Position zwischen seinen Schriften aus jüngeren
Jahren und seinem Spätwerk. In „Der Staat" (Politeia)

Abb. 3.4: Platon.

entwirft er in pädagogischer Absicht einen utopischen Idealstaat. Wie alle Utopien entsteht
dabei auch diese aus einer Kritik bzw. Ablehnung der herrschenden Ordnung. Die zerrütteten
Verhältnisse lassen sich demnach entweder nur durch die Herrschaft der Philosophen ändern
oder wenn die über die Macht Gebietenden selbst zur Philosophie finden. Hinter Platons
Entwurf steht die Annahme, wonach der Einsichtigste auch am gerechtesten handelt. Erst in
seinen späteren staatstheoretischen Werken rückte der reale Staat in den Mittelpunkt des
Interesses: hier entwickelte Plato eine Rangordnung der Staatsformen auf der Grundlage der
gültigen Gesetze (vgl. Platon 1988c) und bemüht sich um den Entwurf eines zweitbesten
Staates, in welchem gute Gesetze und die Tradition herrschen (vgl. Platon 1988b).

Mit der „Politeia" aber prägte Platon einen Zweig des Staatsdiskurses, der den Versuch unternimmt, einen idealen Staat zu begründen. Auch das utopische Staatsdenken entwickelt
sich aus vergleichender Perspektive: die vorzufindenden Realmodelle finden unter den kriti-
schen Augen ihrer Beobachter keine Gnade.[8] So lässt sich auch die „Politeia" als Kritik an
der athenischen Demokratie lesen. Den idealen Staat als Gegenentwurf kennzeichnet hier
eine Dreigliederung der Gesellschaft: für das Kriegshandwerk sind erstens die „Wächter"
zuständig, sie bilden den Wehrstand und zeichnen sich durch Tapferkeit aus. Aus ihrer Mitte
werden zweitens die Besten rekrutiert, um als „Herrscher" zu fungieren; sie bilden als Philosophen den Herrscherstand und zeichnen sich durch Weisheit aus. Die Auserwählten müssen
im Sinne einer Gerontokratie (Herrschaft der Älteren) betagtere Wächter sein. Denn die Alten bestimmen über die Jungen, sie verfügen über die Weisheit sowie über eine unumstößli-
che Liebe zur Allgemeinheit. Damit machen sie das Interesse des Staates zum einzigen Mo-
tiv ihres Handelns und verfolgen keine egoistischen Ziele. Ihre Auswahl erfolgt im Idealstaat
durch eine strenge musische und gymnastische Erziehung. Weder Herrscher noch Wächter
dürfen über Eigentum verfügen, es würde sie für die Leitungs- und Verteidigungsaufgaben
im Staat korrumpierbar machen. Ihren Lebensunterhalt erhalten sie von den anderen Bürgern

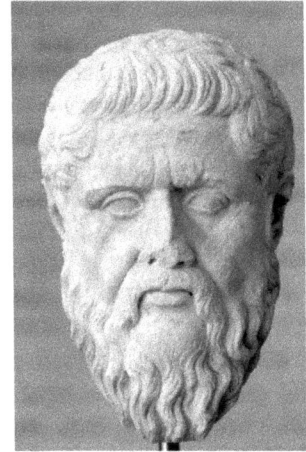

---

[8]   Siehe zur Tradition idealer Staatsvorstellungen insbesondere Morus 2004, Harrington 2008, Marx und Engels
       2004.

als Lohn für ihren Dienst um das Gemeinwesen. Die herrschenden Eliten besitzen – entgegen den normalerweise in den meisten Gesellschaften vorzufindenden Konstellationen – nicht den größten Anteil am Reichtum. In Platons idealem Staat ist die enge Beziehung von Macht und Besitz aufgehoben. Die dritte Kaste besteht aus Handwerkern, Händlern und Bauern. Es ist der Nährstand, der durch das Maßhalten ausgezeichnet ist. Damit verfügt der Staat über drei Funktionen: 1) Ernährung, 2) Verteidigung, 3) Regierung. Sie sind jeweils arbeitsteilig einem Stand zugeordnet.

Tab. 3.4:   Drei Stände bei Platon.

1) Philosophen	Herrscherstand	Weisheit
2) Wächter	Wehrstand	Tapferkeit
3) Bauern – Handwerker – Händler	Nährstand	Maß

Durch diese hierarchisch organisierte Staatskonstruktion entsteht nach Platon eine weise, gerechte und maßhaltende Ordnung, in der weder Armut noch Reichtum zu finden sind, Extreme also vermieden werden. Damit soll das zentrale ordnungspolitische Problem der griechischen Stadtstaaten einer Lösung zugeführt werden: der große materielle Unterschied zwischen den vielen Armen und den wenigen Reichen, welcher zur Instabilität der staatlichen Ordnung führt. Erst die Aufhebung des Eigentums wirkt stabilisierend auf die politische Ordnung. Ein anderes utopisches Element des Staates ist die Gleichberechtigung von Männern und Frauen – letztere dürfen sämtliche Berufe ausüben. Frauen und Kinder stellen zugleich Gemeingut dar, um Eigennutzstreben und Besitztrieb einzugrenzen. Geographisch sollte der Staat Platon zufolge fern vom Meer liegen, denn in Küstenstädten dominieren Handelsgeist und Gewinnstreben, was die Bürger unzuverlässig und arglistig mache.

In der „Politeia" finden sich zwei wirkungsmächtige Konzepte der politischen Theorie: Erstens die Keimzelle jeder Elitentheorie: nur die Besten sind würdig, die staatlichen oder wirtschaftlichen Geschäfte zu führen. Zweitens die Diskussion um das „Grundübel" der Macht: sie korrumpiert. Der Entwurf ist auch eine Antwort auf die Frage, wie der Missbrauch von Macht verhindert werden kann. Bereits Aristoteles erkannte allerdings, dass der platonischen Ordnung etwas Inhumanes innewohnt und kritisierte das Erziehungsideal Platons: Es verwandle die „Symphonie" aller Bürger in eine Monotonie, die rhythmische Komposition in einen Einzeltakt. Stattdessen schlägt Aristoteles vor, dass die unterschiedlichen Begabungen der Menschen im Staat zu einer vielstimmigen Symphonie heranwachsen sollen. Manche Autoren vergleichen einige Strukturprinzipien der katholischen Kirche mit dem platonischen (Ideal)Staat: die strenge Unterscheidung zwischen Klerus und Laien, auf das Leistungsprinzip gründende gestufte Ausbildungswege, welche zu einer starken Hierarchisierung von Funktionen innerhalb der klerikalen Gemeinschaft führen, das Leben der Kleriker im Zölibat, d. h. in Ehelosigkeit, die Untergeordnete Rolle des Privateigentum (vgl. Zippelius 2007, S. 173). Nach dieser Interpretation ist die Umsetzung des (utopischen) Modells in eine realpolitische Ordnung durchaus möglich.

Platon wählt für seinen idealen Staat die Bezeichnung *Basileia* (Königsherrschaft) oder *Aristokrateia* (Herrschaft der Besten). Die anderen Formen entsprechen lediglich unvollkommenen oder gar krankhaften Formen des Staatlichen. Diese „Typen der Schlechtigkeit" sind die Timokratie, die Oligarchie, die Demokratie und die Tyrannis. Alle Staatsformen sind dabei durch zentrale Prinzipien gekennzeichnet, die ihren jeweiligen Charakter ausmachen:

Die *Basileia/Aristokrateia* durch Tugend und Weisheit, die Timokratie durch Ehre, die Oligarchie durch Gewinnstreben, die Demokratie durch Freiheit und die Tyrannis durch Gewalt. Platon weiß aus den Erfahrungen mit den Kleinstaaten der antiken Welt, wie instabil politische Herrschaft ist. Staaten verfallen, wenn sich in ihnen bestimmte „Krankheiten" ausbreiten. Wie alles Menschliche ist auch der ideale Staat vom Niedergang nicht ausgeschlossen. Die Krankheitsursache ist ein Übermaß einer Eigenschaft und der Überdruss der neuen Generation am Zusammenleben mit der alten. Platon entwickelt so eine „eingleisige" Metabolé-Reihe des stufenweise fortschreitenden Staatsverfalls, dessen Endprodukt die Tyrannis ist (vgl. Ryffel 1949). Ausgenommen vom Verfall ist auch der ideale Staat nicht. Die *Basileia* wandelt sich zur Timokratie, da sich irgendwann Nachlässigkeiten auch im Wächterstand bei der Zeugung des Nachwuchses und der Erziehung einstellen. Es kommt zur Zwietracht unter den Eliten und zur Einsetzung geringer qualifizierter Herrscher. Sodann beginnt das verhängnisvolle Streben nach Besitz und Reichtum: „Indem sie nun also auf diesem Wege des Gelderwerbs fortschreiten, kommt die Tugend bei ihnen in demselben Maße in Mißachtung, in dem das Geld in ihren Augen an Wert gewinnt" (Platon 1988a, VIII). Die Gesetze werden nun zum eigenen Vorteil interpretiert bzw. missachtet und die politischen Eliten verabschieden Regelungen, welche die Nicht-Vermögenden von der Teilhabe an der Herrschaft, der Ratsversammlung ausschließen. Spätestens hier geht die Timokratie in die Oligarchie über. Die gravierenden Folgen des Zensuswahlrechtes führen dabei zur Vernachlässigung der meritokratischen Elemente im Staat: nicht mehr individuelle Fähigkeiten entscheiden über den sozialen Aufstieg, sondern der Geldbesitz. Der oligarchische Staat besteht wegen der Besitzunterschiede mit Ausnahme der Regierenden nur aus Bettlern. Und wo diese in großer Zahl zu finden sind, warten im Verborgenen auch „Diebe, Beutelschneider, Tempelräuber und all dergleichen gewerbsmäßiges Verbrechergesindel" (Platon 1988a, VIII). Die Armen bemerken die im oligarchischen Staat umgreifende Verweichlichung der politischen Eliten und entledigen sich der Führungsschicht, wodurch die Demokratie als Regierung der Armen entsteht. Die Verteilung von Ämtern und Führungspositionen erfolgt nun unter Gleichheitsgesichtspunkten und mit Hilfe des Losverfahrens.

> **Moderner und antiker Begriff der Demokratie**
> Verwenden Autoren des Altertums den Begriff „Demokratie", darf dieser nicht im „modernen" Sinne verstanden werden. Antike „Demokratien" kennen weder verfassungsrechtlich abgesicherte Menschen- und Grundrechte noch ein Repräsentativsystem mit einem Parlament als dessen Herzstück. „Demokratie" meint im Altertum die Herrschaft aller und damit vor allem der Armen.

Die in der Demokratie herrschende Freiheit wird laut Platon durch die Vernachlässigung von Erziehung und Bildung erkauft, worunter die Tugendhaftigkeit der Menschen leidet; diese geben sich nun ungestüm ihren Begierden hin. Damit entsteht eine übergroße Freiheit und der Staat verliert seine Zwangsmittel, die Bürger ihr Pflichtbewusstsein und schließlich geht auch die Achtung vor den Gesetzen zugrunde. Das Übermaß an Freiheit führt in der Umkehrung zu einem Übermaß an Knechtschaft. Unterstützt von der Masse des Volkes ergreift schließlich ein Tyrann die Macht (vgl. Platon 1988a, VIII–IX).

Tab. 3.5:   Staatsformen bei Platon.

Staat der Tugend (idealer Staat)	„Typen der Schlechtigkeit" (realer Staat)			
Basileia / Aristokrateia	**Timokratie**	**Oligarchie**	**Demokratie**	**Tyrannis**
Tugend / Weisheit	Ehre	Gewinnstreben	Freiheit	Gewalt
Generationskonflikt führt zur Vernachlässigung von Erziehung und Bildung, Nachlässigkeit bei der Zeugung des Nachwuchses	Gesetze werden zum Vorteil der Reichen erlassen	Verweichlichung der politischen Eliten	Übermaß an Freiheit führt zu Übermaß an Knechtschaft	Willkürherrschaft
	Vernachlässigung von Erziehung und Bildung			
	Streben nach Reichtum und Besitz			
	Missachtung von Gesetzen			

3.2.3   Die soziale Ordnung der Verfassung: Aristoteles

Berühmt wurde die Regierungssystemtypologie des Aristoteles (384 v. Chr. – 322 v. Chr.) nicht, weil er der erste gewesen wäre, der eine solche Typologie aufgestellt hätte, sondern weil sein Werk „Politik" mit seinen Fragestellungen und mit seiner Methodik als Ursprungswerk der (Vergleichenden) Politikwissenschaft gilt (vgl. Friedrich 1961, S. 29 f. u. v. a.). Drei Gründe führten zu dieser Bedeutung: *Erstens* bricht Aristoteles mit dem platonischen Idealismus und erstellt seine Klassifikation auf induktiver Basis, indem er Daten aus 158 Staaten des Altertums verarbeitet. *Zweitens* führte die Rezeption seiner Philosophie durch das christliche Denken des Mittelalters zu seiner andauernden Popularität. Und *drittens* blieb die Verbindung der empirischen Analyse mit der normativen Frage nach der guten Regierung ein nachgefragtes Untersuchungsprogramm.

Abb. 3.5: Aristoteles.

„Ethik" und „Politik" sind für Aristoteles praktische Wissenschaften. Die aus ihnen gewonnenen Erkenntnisse dienen dem tätigen Leben des Menschen: er kann hierdurch das Gute erkennen und es für sich sowie für die größere Gemeinschaft – die politische Ordnung – anstreben. Wichtige Fragen waren für den Erzieher Alexander des Großen: Welches ist das Verhältnis des Menschen zur politischen Ordnung? Welches ist die beste Staatsform? Wie kann der Mensch glücklich werden?

Ordnung der Verfassungen nach Quantitäten und Qualitäten

Aristoteles diskutiert andere Autoren (insbesondere Platon), beschreibt soziale (Hierarchie), wirtschaftliche (Armut versus Reichtum) und psychologische (Glück) Kriterien für die Ausbildung von Regierungssystemen. Das Resultat seiner Untersuchung hatte weitreichende Folgen für die Klassifikation politischer Systeme. Für Aristoteles ist der Mensch von Natur aus ein politisches Wesen (*zoon politikon*), das alleine nicht lange überdauern könnte, sondern seine Mitmenschen zur Befriedigung seiner Bedürfnisse benötigt. Die politische Ordnung stellt damit nicht allein ein Erzeugnis des Menschen dar, sondern ist in ihm naturgemäß angelegt; der Mensch strebt nach dem Zusammenschluss mit anderen und möchte ein gutes Leben verwirklichen: „Der Staat ist die aus mehreren Dorfgemeinden entstandene vollendete Gemeinschaft, die sozusagen das Ziel vollkommener Selbstgenügsamkeit (Autarkie) erreicht hat, eine Gemeinschaft, die ihrem ursprünglichen Zwecke nach um des (bloßen) Daseins willen entstanden ist, aber ihrem endgültigen Zwecke nach um des guten Daseins willen besteht" (Aristoteles 1995, I, 2). Geeignete Verfassungen erlauben, diesem Ziel näherzukommen. Eine Verfassung ist nach Aristoteles „die Ordnung des Staates in bezug auf die Gewalten überhaupt und besonders in bezug auf die oberste von allen. Die oberste Gewalt wird überall durch die Regierung des Staates repräsentiert, und in seiner Regierung wieder liegt seine Verfassung" (Aristoteles 1995, III, 6). Auf der Grundlage seiner vergleichenden Untersuchungen kommt Aristoteles zu der in Tabelle 3.6 dargestellten Verfassungstypologie.

Tab. 3.6:   Typologie Aristoteles'.

	Königtum	**Aristokratie**	**Politie**
Wesen	Herrschaft eines einzelnen zum Nutzen aller	Herrschaft der Wenigen zum Nutzen aller, Mittelstand groß	Herrschaft der Vielen zum Nutzen aller
	Tyrannis	**Oligarchie**	**Demokratie**
Wesen	Herrschaft eines einzelnen zu dessen Nutzen	Herrschaft der Wenigen zum Nutzen der Reichen, Mittelstand klein	Herrschaft der Vielen zum Nutzen der Armen, Mittelstand klein

Dieser Kategorisierung liegen zwei Ordnungsmerkmale zugrunde: Jede politische Ordnung besitzt a) Quantitäten wie die Anzahl der an der Herrschaft Beteiligten, der Anteil der Bürgerschaft, der als arm oder reich zu bezeichnen ist, der sich in Personen adeliger Herkunft und nichtadeliger Herkunft sowie in Bürger und Sklaven teilt, und b) Qualitäten wie Freiheit, Reichtum, Bildung und Tugendhaftigkeit. Damit treten die soziale Struktur der Bürgerschaft und damit die gesellschaftliche Basis der Verfassung in den Mittelpunkt. Als erstes Unterscheidungsmerkmal benutzt Aristoteles die Anzahl der an der Herrschaft Beteiligten. Herrscht nur eine Person, handelt es sich um eine Monarchie oder Tyrannei, herrschen wenige handelt es sich um eine Aristokratie oder eine Oligarchie, herrschen viele, haben wir es mit einer Politie oder Demokratie zu tun (bei Aristoteles bezeichnet „Demokratie" eine entartete Regierungsform). Diese Einteilung wird noch mit Qualitäten ergänzt. Das wichtige Kriterium ist dabei, ob die Herrschaft dem allgemeinen Wohl dient oder nur partikularen Interessen. So ist die Monarchie die Herrschaft eines einzelnen zum Nutzen aller, die Tyrannis hingegen die Herrschaft eines einzelnen zu dessen eigenem Nutzen. Die Aristokratie ist die Herrschaft weniger zum allgemeinen Nutzen. Hier herrscht ein hohes Maß an staatsbürgerlicher Tugend und der Mittelstand ist zahlenmäßig bedeutend. In der Oligarchie herrschen ebenfalls nur wenige, allerdings nur zum Nutzen der wenigen: diesen geht es um die Bewahrung des Reichtums der führenden Elite. Bürger des Mittelstandes sind in dieser Regierungsform wenig zahlreich. In der Politie schließlich herrschen viele Bürger zum Nutzen aller, während in der Demokratie zwar ebenfalls viele Bürger herrschen, doch nur zum Nutzen der Armen.

Die beste Regierungsform?

Welches ist nach Ansicht des Philosophen die beste Regierungsform? Sicherlich scheiden die drei degenerierten Formen (Tyrannei, Aristokratie und Demokratie) von vornherein aus. Die beste Verfassung muss nach Aristoteles mehrere Bedingungen erfüllen: a) sie ist immer aus den Anteilen mehrerer Verfassungen gemischt und eine Verfassung der Mitte, b) sie muss ein Leben ermöglichen, das für die meisten erreichbar ist, c) sie muss für die meisten Staaten anwendbar sein und d) sie muss einer Ethik des glücklichen Lebens entsprechen, insofern sie das tugendhafte Leben nicht behindern darf, denn hierin ist die Mitte zu finden. Schließlich e) spielen die dem Mittelstand zuzurechnenden Bürger eine bedeutende Rolle: Sie begehren nicht den Besitz anderer und sind zur Gemeinschaftsbildung fähig. Wo der Mittelstand bedeutend ist, gibt es nach Aristoteles zudem weniger Aufstände. Auch die besten Gesetzgeber kommen aus dieser Schicht (vgl. Aristoteles 1995, IV, 11; zu Aristoteles´ Überlegungen zur Mitte s.a. Münkler 2010, S. 82–88).

Die Mischverfassung

Das Problem besteht nun darin, dass die meisten Staaten der griechischen Antike Demokratien oder Oligarchien sind, weil in ihnen nur wenige Bürger dem Mittelstand zugehören: „so wird es, wer von beiden auch das Übergewicht hat, die großen Vermögen oder das Volk, doch jedesmal der außerhalb der Mitte stehende Teil sein, der die Regierung an sich bringt, so daß sie demokratisch oder oligarchisch wird." Die Einführung einer „auf Gemeinschaftlichkeit und Gleichheit beruhende[n] Verfassung" gelingt im Kampf zwischen Reichen und Armen nicht. Dies sind Gründe, weshalb „die mittlere Verfassung entweder niemals oder selten und in wenigen Gemeinwesen zustande gekommen [ist]" (Aristoteles 1995, IV, 11, 1295a). Die beste Verfassung lässt sich nicht über die Bestimmung der Tugend ermitteln, noch darf die Bildung Ausschlag geben – das ist ein Seitenhieb auf Platon. Die beste Verfassung ist diejenige, welche für alle Bürger und Staaten anwendbar ist:

> „Welche nun aber die beste Verfassung und welches das beste Leben für die meisten Staaten und die meisten Menschen sein möge, kann nicht nach einer Tugend entschieden werden, die über die Kräfte des gewöhnlichen Mannes geht, noch nach einer Bildung, die Naturanlagen und Mittel erfordert, wie sie das Glück gewährt, noch nach einer Verfassung, die man sich nach seinen Wünschen ausmalt, sondern man hat zum Maßstabe ein Leben zu nehmen, das den meisten erreichbar, und eine Verfassung, die für die meisten Staaten anwendbar ist" (Aristoteles 1995, IV, 11, 1295a).

Eine solche Verfassung, so gibt Aristoteles zu, kommt selten vor und ist aus mehreren Bestandteilen zusammengesetzt. Wie eine solche Zusammensetzung aussehen könnte, macht er am Beispiel der Mischung von Demokratie und Oligarchie deutlich. Aus der Verbindung beider „schlechten" Verfassungen kann eine Politie entstehen, wenn:

1. Regelungen beider Staatsformen übernommen werden, z. B. bei der Vergütung für Gerichtsbeisitze: armen Bürgern wird für den Gerichtsbeisitz Geld bezahlt (dies ist in der Demokratie üblich), zudem gibt es eine Strafe für reiche Bürger, welche sich dem Beisitz entziehen (dies ist in Oligarchien üblich).

2. Regelungen in der Mitte von zwei Bestimmungen eingeführt werden, z. B. beim Teilnahmerecht an Volksversammlungen. Dieses ist in der Demokratie von einem geringen Zensus abhängig (das Vermögen, das ein Bürger besitzen muss, um wählen zu dürfen), in der Oligarchie hingegen von einem hohen Zensus. Nun müsste ein mittlerer Wert gefunden werden.

3. es zu einer Mischung von Regelungen kommt, z. B. bei der Besetzung von Staatsämtern. Dies geschieht in der Demokratie durch das Losverfahren, ohne dass ein bestimmter Zensus als Bedingung für die Kandidatur verlangt ist. In der Oligarchie findet eine Wahl unter den Bedingungen eines Zensus statt. Die Mischung von Regelungen würde bedeuten, dass eine Wahl ohne Zensus eingeführt wird (vgl. Aristoteles 1995, IV, 9, 1294a–1294b).

Es soll hier nicht entschieden werden, ob diese Mischung (und damit die Politie) nach Aristoteles die beste Verfassung darstellt oder ob eine solche Idealform in der von einem tugendhaften König geführten Monarchie, der Aristokratie oder in einer siebten – in der Sechser-Typologie nicht vorhandenen – Form zu suchen ist. Wichtig ist in jedem Fall das Ziel einer guten Verfassung, das nach Aristoteles im vollkommenen und selbständigen Leben oder im glückseligen und edlen Leben des Bürgers besteht. Die politische Ordnung soll dem Glück (griechisch *eudaimonia* [auch Wohlergehen]) des Menschen dienen. Wir kennen diese Glücksforderung als eine Konstante der politischen Programme von Verfassungen über Parteien bis zu Politikern bis heute. Berühmt wurde hierfür die Unabhängigkeitserklärung amerikanischer Staaten von 1776. Hier wird das Streben nach Glück als ein unaufhebbares menschliches Recht definiert (zu der die politische Ordnung beizutragen hat): „We hold these truths to be self-evident, that all men are created equal, that they are endowed by their Creator with certain unalienable Rights, that among these are Life, Liberty and the pursuit of Happiness."

Die „Politik": ein (fast) modernes Werk

Aristoteles Typologie blieb in der Ideengeschichte ein wichtiger Diskussionsgegenstand. Die Kriterien der Unterscheidung zwischen den Regierungsformen sind allerdings unklar und mussten in der Antike spekulativ bestimmt werden. So gab es noch keine Statistiken, die über die Zahl der Bewohner mittleren Einkommens hätten Auskunft geben können. Auch das Kriterium des Gemeinwohls ist eine normative Vorgabe, die nicht leicht festzustellen und zudem immer umstritten ist. Das empirische Herangehen machte die „Politik" aber zu einem fast „modernen" Werk. Die auf Datensammlungen basierenden Kategorisierungen gelten heute noch als wichtige Grundlage für weiterführende Arbeiten. Aktuell bleibt Aristoteles ebenfalls mit seiner Grundaussage, dass politische Regime abhängig vom menschlichen Wesen und den Bedingungen eines Landes sind (vgl. Höffe 1999, S. 245 ff.). Ferner setzte sich die Dreiteilung der Regierungssysteme wie sie Herodot, Polybios und Aristoteles vorschlugen, bis weit in das 19. Jahrhundert hinein als dominantes Denkmuster durch, wie Cicero, Thomas von Aquin, Marsilius von Padua, Jean Bodin, Thomas Hobbes, John Locke, Jean-Jacques Rousseau, Immanuel Kant und andere Autoren beweisen (vgl. Gallus 2007, S. 23 ff.; Friske 2008, S. 18 f.).

3.2.4   Die Ordnung der Dinge: Montesquieu

Die politische Ordnung ist mehr als das Machtmittel einer herrschenden Gruppe. Sie trägt die ganze Gesellschaft, ist für deren Wohlstand, Niedergang und Tugend verantwortlich. Die politische Ordnung entspricht deshalb zugleich einer umfassenden Gesellschaftsordnung. Diese Erkenntnis lässt sich aus der antiken Staatstheorie ableiten. Sie trifft in noch umfassenderen Sinne auch auf die Theorien des französischen Adeligen Charles Louis de Secondat Baron de Montesquieu et de la Brède (1689–1755) zu. Er gilt als Gründer der modernen vergleichenden Sozialwissenschaften (vgl. Aron 1967), da er Theorien zu Demographie, Soziologie und Ökonomie aufstellte. Manche Kommentatoren sehen in ihm sogar einen Vorläufer des Feminismus (vgl. Versini 1986, S. 58): In seinem populären Briefroman „Lettres persanes" schlug er sich auf die Seite der Haremsdamen, die von ihren herrischen Gebietern der Freiheit und Gleichberechtigung beraubt waren. Vielleicht ist aber sein größtes Verdienst, der Versuch, große Datenmengen zur Beschreibung von politischen Systemen zu sammeln und sie zunächst ohne normative Modelle zu ordnen. Der Untertitel seines berühmtesten Werkes „De l'esprit des loix" erhält zugleich den Hinweis auf seine holistisch (ganzheitlich) angelegte Methode: „Über den Geist der Gesetze oder Über den Bezug, den die Gesetze zur Verfassung jeder Regierung, zu den Sitten, dem Klima, der Religion, dem Handel etc. haben müssen." Das „et cetera" am Ende verweist auf zahlreiche weitere Variablen, die der unermüdliche Franzose in seiner Abhandlung einer genaueren Betrachtung unterwirft. Das Werk hat er als die Frucht der Überlegungen seines ganzen Lebens bezeichnet. Tatsächlich vereinen die 31 Bücher und über 600 Kapitel ein während mehrerer Jahrzehnte in ganz Europa angereichertes Wissen.

Abb. 3.6: Montesquieu.

Schutz der Freiheit

Der am Ende seiner wissenschaftlichen Bemühungen fast erblindete Autor geht der Frage nach, wie sich Freiheit als wichtigstes politisches Gut in der Gesellschaft verwirklichen lässt. Um diese Frage zu beantworten, nutzt Montesquieu unterschiedliche methodische Zugänge: Er diskutiert soziale, ökonomische, religiöse, geographische und klimatische Bedingungen sowie zahlreiche andere politisch-kulturelle Variablen, die eine Gesellschaft formen (Sitten, allgemeine Situation eines Landes, seine Geschichte usw.). Hier walten (ungeschriebene) Gesetze, die er definiert als „die Beziehungen, die sich aus der Natur der Dinge mit Notwendigkeit ergeben" (Montesquieu 1951, I, 1). Aus dem Zusammenspiel dieser Elemente gehen unzählige Muster hervor, der *Esprit général* einer Nation. Dieser bildet die Folie, vor deren Hintergrund die Politik erst ins Spiel kommt: Der Gesetzgeber muss die positiven, von den Menschen gemachten Gesetze an die Umstände anpassen. Schließlich interessieren Montesquieu die Beziehungen zwischen den historisch-kulturellen Grundlagen und den Regierungsformen Republik (nochmals unterschieden in Demokratie und Aristokratie), Monarchie und Despotismus. Auf der Basis dieser Vorgaben kommt er, ähnlich wie Aristoteles, im Prinzip zu einer Dreiteilung der Regierungssysteme:

Tab. 3.7:   Typologie der Regierungssysteme nach Montesquieu.

Natur	Gemäßigte Regierungsform			Despotische Regierungsform
	Republik		**Monarchie**	**Tyrannei**
	Demokratie	**Aristokratie**		
Prinzip	Tugend		Ehre	Furcht
Souverän	Volk	Teil des Volkes	Einzelner durch Gesetz	Einzelner ohne Recht und Gesetz
Territorium	Eher kleinräumig		Mittlere Größe	Groß
Klima	Gemäßigt		Gemäßigt	Heiß

Die Natur der Regierungsformen bestimmt Montesquieu durch die Anzahl der an der Regierung Beteiligten: Die Demokratie entspricht der Regierung Vieler (die an der Auswahl des Führungspersonals beteiligt sind), die Monarchie der Regierung eines Einzelnen durch Grundgesetze und unter Berücksichtigung der Zwischengewalten (Regionen, Adel, Klerus), die Despotie der Regierung eines Einzelnen ohne jegliches Recht. Insoweit unterscheidet sich die Typologie Montesquieus bis hierher nicht wesentlich von denjenigen seiner Vorgänger. Seine Originalität liegt jedoch in zwei wichtigen Akzentverschiebungen: *Erstens* stellt Montesquieu nicht die existierenden verfassungsrechtlichen Grundlagen an den Anfang seiner Untersuchung, sondern allgemeine Prinzipien, nach denen sich das Handeln der Menschen in jeder Regierungsform ausrichtet: In der Republik ist dies die Tugend, in der Monarchie die Ehre und in der Despotie die Furcht. Die Aufrechterhaltung der Prinzipien ist für jede Regierungsform notwendig – gelingt dies nicht, ist sie dem Untergang geweiht. Die Regierungsformen stehen zudem in einem engen Wechselverhältnis mit zahlreichen anderen Variablen (Territorium, Klima u. v. m.). Montesquieu empfiehlt deshalb den Gesetzgebern, sowohl das Prinzip wie die Natur jeder Regierungsform zu berücksichtigen: Beispielsweise müssen die Gesetze in der Demokratie die Tugend fördern, die sich in der Liebe zum Gemeinwohl und zur Gleichheit ausdrückt. *Zweitens* unternimmt Montesquieu eine zentrale Unterscheidung, die bis heute die Klassifikation von Regierungssystemen bestimmt: er differenziert in gemäßigte Regierungssysteme auf der einen Seite, in denen „es immer kluge Gesetze [gibt], die auch überall bekannt sind und nach denen die kleinsten Beamten sich richten können" (Montesquieu 1951, V, 16), und den Despotismus auf der anderen Seite, in dem „die Gewalt vollständig in die Hände dessen über[geht], dem man sie anvertraut" (Montesquieu 1951, V, 16). Hier „[lenkt] ein einzelner ohne Recht und Gesetz alles nach seinem Willen und seinen Launen" (Montesquieu 1951, II, 1). Die Natur des Regierungssystems ist entsprechend dreifach definiert, zu ihr gehören: a) das Prinzip (Tugend, Ehre und Furcht), b) die Zahl der Herrschenden (einer oder viele) sowie c) ein normatives Kriterium: die Herrschaft mit oder ohne Gesetz. Damit bricht er mit den oben diskutierten klassischen Entwürfen.

Schutz vor Machtmissbrauch: Gewaltenteilung und Zwischengewalten

Ähnlich wie bei Aristoteles finden wir auch bei Montesquieu die Unterscheidung in die gute und schlechte Herrschaft, in die gemäßigte und tyrannische Verfassung. Ebenso wie bei Aristoteles besteht die Vollkommenheit einer Staatsform in ihrer Mäßigung, welche durch die Einbeziehung aller Bevölkerungsschichten möglich ist. Ferner existiert bei Montesquieu, wiederum eine gewisse Ähnlichkeit zu Aristoteles, die Sorge um den Niedergang der politischen Ordnung: Die Menschen neigen zu Machtmissbrauch, weshalb ein Abgleiten der gemäßigten Regierungsformen in den Despotismus möglich ist. Um dies zu verhindern, müssen Gegenkräfte vorhanden sein, die durch eine gewaltenteilige Organisation des Staates oder durch die Einsetzung bzw. die Achtung von Zwischengewalten (*pouvoirs intermédiaires*) geschaffen werden. Am Beispiel Englands verdeutlicht Montesquieu im berühmten XI. Buch, wie Freiheit durch ein geschicktes Austarieren der Staatsgewalten (Exekutive, Legislative und Judikative) ermöglicht wird. Er hat das Land bereist und hält es diesbezüglich für vorbildlich. Montesquieu meint, dass gefährliche Machtkonzentrationen verhindert werden können, wenn sich die Gewalten gegenseitig kontrollieren und ein sozialer (Stände) sowie machtbeschränkender (aufgeteilte Beschluss- und Vetorechte) Ausgleich zwischen den Institutionen geschaffen wird. Denn, so warnt Montesquieu:

> „Wenn in derselben Person oder der gleichen obrigkeitlichen Körperschaft die gesetzgebende Gewalt mit der vollziehenden vereinigt ist, gibt es keine Freiheit [...] Es gibt ferner keine Freiheit, wenn die richterliche Gewalt nicht von der gesetzgebenden und vollziehenden getrennt ist [...] Alles wäre verloren, wenn derselbe Mensch oder die gleiche Körperschaft der Großen, des Adels oder des Volkes diese drei Gewalten ausüben würde" (Montesquieu 1951, XI, 6).

Die Zwischengewalten sind eine weitere Möglichkeit, die Freiheit in einem Gemeinwesen zu sichern. Hierunter versteht Montesquieu zum einen Strukturen vertikaler Gewaltenteilung (Adel, regionale Gerichtshöfe, die man Parlamente nannte etc.), zum anderen die Grundgesetze (*lois fondamtales*), welche den Herrscher an eine lange Tradition von Rechtsgrundsätzen binden und seine Macht einschränken.

Montesquieu bewegt sich zwischen dem alten, in Stände (Adel, Klerus, Bürger) gegliederten und dem modernen Staat. Sein Entwurf spiegelt die Umbruchsituation: das Schema von Adel, Klerus und Volk, die jeweils an der politischen Entscheidungsfindung zu beteiligen sind, wird abgelöst von funktionalen Staatsorganen (Exekutive, Legislative und Judikative), die nicht mehr einzelnen Ständen zugeordnet sind (vgl. Wember 1977, S. 61–67). Die Gewaltenteilungstheorie übte erheblichen Einfluss auf die Entfaltung rechtsstaatlicher Ideen aus. Insbesondere in der amerikanischen und europäischen Verfassungsentwicklung fand Montesquieus Gleichgewichtstheorie im 18. und 19. Jahrhundert Berücksichtigung. Und nicht zuletzt legte sie die Basis für den konstitutionellen Vergleich bzw. den Vergleich von Regierungssystemen (siehe hierzu Kapitel 4.2).

3.2.5   Demokratie versus Diktatur: Karl Loewenstein

Karl Loewenstein (1891–1973) prägte maßgeblich die für das 20. Jahrhundert grundlegende Unterscheidung von Demokratie und Diktatur. Loewenstein, einer der Gründergestalten der deutschen Politikwissenschaft nach dem Zweiten Weltkrieg, unterstellt dem politischen Denker grundsätzlich einen „Trieb, die Vielfalt der Staaten und die Typen und Formen ihrer Regierungen nach gewissen vernunftgemäßen Kriterien der Ähnlichkeit oder Unähnlichkeit zu ordnen" (Loewenstein 1969, S. 18). Kritisch bis ablehnend steht er dabei den älteren Kategorisierungen, namentlich der klassischen Dreiteilung und der klassischen Zweiteilung gegenüber. Mit „Dreiteilung" ist die Unterscheidung von Monarchie, Aristokratie und Demokratie gemeint, die – wie oben gezeigt – zuerst bei Herodot zu finden ist. Sie blieb bis ins 19. Jahrhundert das dominierende Einteilungsschema (vgl. Gallus 2007, S. 23 ff.; Friske 2008, S. 18 f.). Daneben war seit der italienischen Renaissance die „Zweiteilung" Monarchie versus Republik bekannt. Diese Zweiteilung, die im Verlauf des 19. Jahrhunderts der Dreitei-

lung den Rang ablief, wurde ganz wesentlich durch Staatsrechtslehrer geprägt und stark an
juristischen Kategorien orientiert. So war für Georg Jellinek (1851–1911), einem Hauptver-
treter der Zweiteilung, eine „Einteilung der Staatsformen nur als eine *rechtliche* Einteilung
möglich" (Jellinek 1966, S. 665).

Karl Loewenstein, der sich in seinen Arbeiten neben Max Weber auch an Georg Jellinek
orientierte, war selbst ausgebildeter Jurist. Trotz seines juristischen Hintergrunds distanzierte
er sich jedoch vom Rechtspositivismus Jellinekscher Prägung und lehnte dessen Zweiteilung,
ebenso wie die Dreiteilung, als zu formalistisch und veraltet ab. In seinem 1959 erschienenen
Hauptwerk „Verfassungslehre" (im englischen Original bereits 1957 unter dem Titel „Political Power and the Governmental Process" publiziert) kritisiert Loewenstein die traditionelle,
juristisch geprägte Staatsformenlehre:

> „Der Weg zu der dringend gebotenen Neuorientierung ist immer noch durch die konventi-
> onelle Terminologie versperrt. Die beiden traditionellen Einteilungsschemata sind heute
> gänzlich wertlos und waren womöglich schon zur Zeit ihrer Schaffung nicht wirklichkeits-
> konform. Ohne Rücksicht auf die in den Regierungsinstitutionen verkörperten Werte stel-
> len sie nur auf das äußere Gerüst des Regierungsaufbaus ab und lassen die eigentliche Dy-
> namik des Machtprozesses außer acht." (Loewenstein 1969, S. 21 f.)

Er bemängelt, dass die Unterscheidung politischer Systeme „nicht allein nach Maßgabe der
in ihren Verfassungen vorgesehenen Institutionen und Techniken" vollzogen werden könne
und fordert eine stärkere „Analyse der politischen Realität des Regierungsprozesses" (Loewenstein 1969, S. 19). Zu Beginn seiner „Verfassungslehre" folgert Loewenstein daraus:

> „Eine brauchbare Klassifizierung der Staaten kann daher nur durch eine vergleichende Un-
> tersuchung ihrer tatsächlichen Regierungsstruktur erreicht werden. Auf den folgenden Sei-
> ten wird ein neuer Vorschlag für das dringend benötigte Einteilungskriterium unterbreitet.
> Es wird in der Art und Weise gefunden, in welcher in der konkreten Staatsgesellschaft die
> politische Macht ausgeübt wird." (Loewenstein 1969, S. 26) „Der entscheidende Unter-
> schied zwischen den verschiedenen politischen Systemen besteht darin, daß die Macht in
> verschiedenen Stufen des Regierungsprozesses entweder mehreren an sich unabhängigen
> Machtträgern zugewiesen und somit unter ihnen zur gemeinsamen Herrschaftsausübung
> verteilt ist, oder daß die Herrschaftsausübung in einem einzigen Machtträger vereinigt und
> von ihm monopolisiert wird." (Loewenstein 1969, S. 12) „Die Unterscheidung der geteil-
> ten Ausübung der politischen Macht und der geteilten Kontrolle derselben von der konzen-
> trierten Machtausübung ohne Kontrolle schafft den Begriffsrahmen für die grundlegende
> Dichotomie der politischen Systeme in Konstitutionalismus und Autokratie." (Loewenstein
> 1969, S. 26 f.)

Loewenstein stellt also idealtypisch zwei Systemtypen gegenüber: Auf der einen Seite stehen
autokratische (quasi diktatorische) Systeme, in denen ein einzelner Machtträger – sei es eine
Person, eine Partei oder eine Versammlung – die Macht ohne Kontrolle ausübt. Auf der anderen Seite stehen konstitutionelle (quasi demokratische) Systeme, in denen mehrere Machtträger existieren, die sich gegenseitig kontrollieren.[9] Doch bei der beschreibenden Gegenüber-

---

[9]   Unterhalb dieser Grunddichotomie kennt Loewenstein Subtypen. So sind autoritäre und totalitäre Regierungs-
      formen Unterfälle der Autokratie. Für den Konstitutionalismus benennt Loewenstein folgende Subtypen: 1)
      unmittelbare Demokratie (z. B. griechische Stadtstaaten), 2) Versammlungsregierung (mit dominierendem Par-
      lament), 3) Parlamentarismus (in verschiedenen Formen etwa in Frankreich oder Deutschland zu finden), 4)
      Kabinettsregierung (siehe Großbritannien), 5) Präsidentialismus (siehe USA) sowie 6) Direktorialdemokratie

stellung beider Typen bleibt es nicht. Der Demokrat Loewenstein fragt, wie konstitutionelle Systeme durch Vorkehrungen der Machtkontrolle stabilisiert werden können. Diese Frage zieht sich durch die „Verfassungslehre" wie ein roter Faden. Insofern ist das Werk „normativ aufgeladen" (Lang 2004, S. 294), der Konstitutionalismus, man könnte auch sagen, der demokratische Verfassungsstaat wird klar bevorzugt. Der Loewenstein-Experte Markus Lang schreibt, dass für Loewenstein zur theoretischen Erfassung politischer Erscheinungen auch der praktische Einsatz für deren Verbesserung hinzutreten müsse. Wichtigster Ansatzpunkt zur Absicherung des demokratischen Verfassungsstaates sei ihm dabei „politische Bildung als kritische Aufklärung in demokratischer Absicht" (Lang 2004, S. 295). Vor dem Hintergrund von Loewensteins Engagement für Demokratie und politische Aufklärung ist auch zu sehen, dass er sich nach 1945 für die Etablierung der Politikwissenschaft als eigenständiges Fach an den deutschen Universitäten einsetzte und sich publizistisch sowie als Gastdozent am Aufbau der Politikwissenschaft in Westdeutschland beteiligte.

Neben diesem praktischen Einsatz für das Fach ist auch Loewensteins fundamentale Konstitutionalismus-Autokratie-Unterscheidung von bleibendem Wert für die Politikwissenschaft. Mit seiner Dichotomie leistet er einen wichtigen Beitrag zur endgültigen Ablösung der klassischen Zweiteilung von Monarchie und Republik durch die neue Grundunterscheidung von Demokratie und Diktatur. Sie ist seither Standard. Bereits vor Loewenstein gab es von einigen Staatsrechtslehrern Ansätze zu einer solchen Unterscheidung (vgl. Friske 2007, S. 16 f.): So unterschied Hans Kelsen 1925 anhand der Frage des Bestehens von Freiheit oder Unfreiheit in Staat in Gesellschaft „Demokratie" und „Autokratie". Auch Hermann Heller verwendete in seiner 1934 postum erschienenen „Staatslehre" bereits das Gegensatzpaar „Demokratie" und „Autokratie". Nach der Einführung der Unterscheidung von „Konstitutionalismus" und „Autokratie" durch Loewenstein entwickelte man auch in der Politikwissenschaft verstärkt Unterscheidungstypologien in dieser Richtung (vgl. Friske 2007, S. 17): Zu nennen sind hier etwa Otto Heinrich von der Gablentz, der 1965 „Demokratie" und „Autokratie" unterschied, oder Theo Stammen, der 1972 die Loewensteinschen Termini „Konstitutionalismus" und „Autokratie" aufgriff. Die auch in der Alltagssprache gebräuchlichen Begriffe „Demokratie" und „Diktatur" benutzten für ihre Dichotomien unter anderem Ernst Fraenkel (1970), Otto Brunner (1979) und Adam Przeworski (2000)[10]. Auch wenn die Begrifflichkeit und die Modelle der genannten Autoren variieren, so ist doch überall die Dichotomie von Demokratie und Diktatur zu erkennen. Sie ist – neben der Triade Demokratie-Autokratie-Totalitarismus[11] – die gängige Grundunterscheidung politischer Regime seit Mitte des 20.

(Kollegialregierungen wie in der Schweiz). Loewensteins Einteilung von Subtypen wird in dieser Form heute nur noch eingeschränkt geteilt. Wegweisend für die politikwissenschaftliche Kategorisierung politischer Systeme nach dem Zweiten Weltkrieg ist hingegen seine prinzipielle Differenzierung zwischen der Ebene speziellerer Regierungstypen und der allgemeineren Ebene der abstrakteren Systemtypen. Auch heute betrachten wir z. B. Regierungsformen wie Mehrheits- und Konsensusdemokratien oder parlamentarische und präsidentielle Demokratien als konkretere Ausformungen des übergeordneten Regimetyps Demokratie.

[10] Adam Przeworski grenzt Demokratien gegenüber Diktaturen anhand von drei Merkmalen ab (Przeworski et al. 2000, S. 19 f.): In Demokratien muss erstens der Regierungschef gewählt sein, zweitens die Legislative gewählt sein und drittens muss es mehr als eine Partei geben. Wenn alle drei Merkmale erfüllt sind, kann von einer Demokratie gesprochen werden. Sobald eines der Merkmale nicht gegeben ist, handelt es sich um eine Diktatur.

[11] Die Unterscheidung von Demokratie, Autokratie und Totalitarismus ist eine gängige Alternative zur Demokratie-Diktatur-Unterscheidung. Vielfach geht sie davon aus, dass sich totalitäre Systeme qualitativ von anderen Diktaturformen unterscheiden und deshalb Totalitarismus nicht – wie bei Loewenstein – zusammen mit dem Autoritarismus als ein Subtyp der Diktatur betrachtet werden sollte, sondern einen eigenen Regimetyp bildet.

Jahrhunderts. Loewensteins Typologie, selbst wenn er mit „Konstitutionalismus" und „Auto-
kratie" andere Begriffe verwendet, stand dafür Pate, sie stellt insofern „einen wichtigen
Schritt auf dem Weg zur Etablierung der bis heute dominanten Demokratie-Diktatur-
Dichotomie in der Politikwissenschaft dar" (Gallus 2007, S. 38).

3.2.6 Regierung als anthropologische Konstante: Samuel Finer

Unter neueren Typologien hebt sich insbesondere Samuel E. Finer (1915–1993) ab. In seinem posthum veröffentlichten und Fragment gebliebenen Werk „The History of Government" geht es Finer um die unterschiedlichen Formen des Regierens, wie sie in einer langen
historischen Abfolge zu beobachten sind. Sein Werk ist enzyklopädisch angelegt und beginnt
mit den sumerischen Stadtstaaten, behandelt China, Griechenland, Rom und viele andere
Fälle. Insgesamt umfasst die vergleichende Untersuchung über 4.600 Jahre. Sie hat zum Ziel,
Regelmäßigkeiten (Eliten, Prozesse, Legitimation) und Neuerungen bei den Regierungsformen herauszuarbeiten, z. B. die Idee des Empire (Syrien nach dem 8. Jahrhundert v. Chr.),
die Säkularisierung (bereits Persien im 6. Jahrhundert v. Chr.), machtbegrenzte Monarchie
(Jüdische Herrschaften im Jahrhundert v. Chr.), Bürokratie (Chinesisches Reich, 3. Jahrhundert v. Chr.), Gesetzesherrschaft (Rom, 1. Jahrhundert v. Chr.), Konstitutionalismus und
Individualrechte (USA und Frankreich nach 1776) u. a. m. Die untersuchten Fälle wählt
Finer nach drei Merkmalen: a) das Vorhandensein schriftlicher Quellen, b) eine gewisse
zeitliche Dauer der politischen Ordnung sowie c) die territoriale Einheit, um als Staat erkennbar zu sein.

Finers vergleichende Untersuchung politischer Eliten, politischer Prozesse und deren
legitimatorischer Basis führt ihn zu einer Typologie in Form einer Mehrfeldermatrix (siehe
Tabelle 3.8).

Tab. 3.8:   Typologie Finers (nach Landman 2005).

	Palace	Forum	Nobility	Church
Palace	*Pure Palace* Persian, Roman, Byzantine, Chinese, and Islamic Empires; 18th-century absolutism	*Palace-Forum* Greek tyrants, roman dictators, Napoleonic France, modern dictator- ships and totalita- rian regimes	*Palace-Nobility* Court of Louis XIV, Britain 1740-60, Poland, Mamluk Regime and Egypt, and pre-1600 Japan	*Palace-Church* Traditional Thai- land: the sangha; European Middle Ages
Forum		*Pure Forum* Greek poleis, Ro- man republics, and medieval European city-states; modern secular democracies	*Forum-Nobility* Roman republic, Republic of Venice	*Forum-Church* Ephrata Mennonites 1725, Amish 1700- present, both near Lancaster, Pennsyl- vania
Nobility			*Pure Nobility* 17th- and 18th- century Poland	*Nobility-Church* Teutonic Order 1198-1225
Church				*Pure Church* Vatican; Tibet 1642-1949

Staat und Regierung erscheinen als eine anthropologische Konstante, d. h. sie sind zu allen Zeiten der Menschheit gegeben. Nach dieser Erkenntnis benötigen Menschen offenbar den ordnenden Rahmen einer übergeordneten Instanz. Finer unterscheidet auf Basis der politischen Eliten grundsätzlich vier Typen, die in reiner Form, meist aber in unterschiedlicher Zusammensetzung auftreten: In der *Palace polity* verfügt ein Individuum über die Entscheidungsmacht, in der *Forum polity* kommt es zu einer Autoritätsübertragung von unten, z. B. durch Wahl, in der *Nobility polity* besitzt ein spezifischer Teil der Gesellschaft die Entscheidungsmacht und in der *Church polity* verfügen religiöse Würdenträger über das Entscheidungsmonopol. Bewegung in diese Strukturen bringen Neuerungen wie z. B. Bürokratie, Säkularisierung oder die Akzeptanz von Individualrechte. Bis zum 16. Jahrhundert standen die verschiedenen Regierungssysteme relativ autonom nebeneinander, dann setzte sich allerdings der Typus des westlichen Staates als säkularer, nationaler Staat in Europa und als auf der Volkssouveränität basierender und die Individualrechte garantierender Staat in den USA durch. Der moderne Staat basierte fortan nur noch auf zwei Grundtypen *Forum* und *Palace/Forum* (vgl. Finer 1997).

Aus dem Gesamttableau lässt sich eine wichtige Erkenntnis ableiten: Die Geschichte des Staates ist auch eine Geschichte der Regierung und des Regierens. Und dieser grundlegende Modus der Gesellschaften ist nicht nur auf den europäischen Kontinent beschränkt, sondern umfasst die gesamte Menschheitsgeschichte.

3.2.7 Parteiensysteme: Giovanni Sartori

Bis in das beginnende 20. Jahrhundert hinein war die wissenschaftliche oder gar politikwissenschaftlich-vergleichende Betrachtung politischer Parteien kaum Thema unserer Disziplin. Die Unterscheidung politischer Systeme wurde im Wesentlichen entlang der Frage der Staats- und Regierungsform getroffen, wie oben gezeigt wurde. Parteien, Parteiungen, Factions waren Negativbeschreibungen der Parlamentarismus-Literatur, der politischen Theorie und nicht zuletzt des politischen Diskurses, galt es doch, den Gemeinwillen vor den verfälschenden Einflüssen von organisierten Partikularinteressen zu schützen. „Um wirklich die Aussage des Gemeinwillens zu bekommen, ist es deshalb wichtig, daß es im Staat keine Teilgesellschaften gibt und daß jeder Bürger nur seine eigene Meinung vertritt", so Rousseau in „Vom Gesellschaftsvertrag" (Rousseau 2003, II, 3). Die Federalist Papers, die wortgewaltigen Kommentare zur amerikanischen Verfassungsgebung (1788), warnten vor der „Krankheit der Parteisucht" (Hamilton et al. 1993, Nr. 61, S. 370). Und selbst Bolingbroke, der vielen als erster Theoretiker der innerparlamentarischen Opposition gilt (so Kluxen 1983, S. 102; anders Jäger, vgl. Hofmann, Riescher 1999, S. 129), mahnte das Allgemeinwohl und den gemeinsamen „Spirit of Patriotism" innerparlamentarischer Gegner an (Bolingbroke 1775; vgl. Hofmann, Riescher 1999, S. 127 f.). Auch Max Weber merkte zu den Parteien kritisch an, dass sie Minderheitenmeinungen durchsetzen könnten und beschrieb erst danach mit Sicht auf das bereits ausdifferenzierte Parteiensystem des Deutschen Kaiserreiches ihre zentralen Funktionen für den Parlamentarismus:

„Man mag die Existenz, die Art des Werbens und Kämpfens und die Tatsache, daß unver-
meidlich Minderheiten die Formung von Programmen und Kandidatenlisten in der Hand
haben, moralisierend beklagen, - beseitigen wird man die Existenz der Parteien nicht und
jene Art ihrer Struktur und ihres Vorgehens höchstens in begrenztem Maße. Reglementie-
ren kann das Gesetz [...] Aber den Parteikampf selbst ausschalten, ist nicht möglich, wenn
nicht eine aktive Volksvertretung überhaupt fortfallen soll." (Weber 1980, S. 837 f.)

Erst im Laufe der ersten Hälfte des 20. Jahrhunderts entwickelte sich die Parteienforschung
(Leibholz 1929), und noch etwas später rückten die Betrachtung des Parteiensystems und
damit die vergleichende Analyse von Parteiensystemen in den Fokus der Politikwissenschaft.
Der diachrone und synchrone Vergleich von Parteiensystemen wird zu einem bestimmenden
und aussagekräftigen Teil des politischen Systemvergleichs. Denn in der Typologisierung,
der Beschreibung und Bewertung von politischen Systemen macht es einen Unterschied, ob
es eine politische Partei, mehrere oder viele gibt. Und es kommt für die vergleichende Analyse wesentlich darauf an, in welchem Verhältnis diese Parteien zueinander, zur Verfassung und
zum politischen System stehen.

Mit Giovanni Sartoris „Parties and party systems" liegt schließlich ein ausgereiftes Analyse-
modell vor, das seit seinem Erscheinen 1976 zu einer Grundform des Parteiensystemver-
gleichs wurde. Der Begriff des Parteiensystems bezeichnet eine Anzahl von politischen Parteien, die miteinander in Beziehung stehen, sei es in einem konkreten Fall durch Koalitions-
bildung oder in Oppositionshaltung, durch ideologische oder programmatische Abgrenzung,
immer aber in gemeinsamem Wettbewerb und damit in Konkurrenz um Wählerstimmen.

Giovanni Sartori beschreibt eine Partei als politische Gruppe, die sich an Wahlen beteiligt,
um dadurch Kandidaten in öffentliche Ämter zu bringen. Maurice Duverger, an dessen Par-
teien- und Wahlsystemforschung sich Sartori besonders orientiert, betont vor allem die
Durchsetzung von kollektiven Interessen als Merkmal politischer Parteien. Der Vergleich
von Parteiensystemen kann allerdings nicht bei der Beschreibung einzelner Parteien, ihrer
Ziele und ihrer Mittel zur Zielerreichung stehenbleiben. Theorien der Vergleichenden Regierungslehre und die Methode des Vergleichs beziehen sich immer auf etwas zu Vergleichen-
des, sei es explizit oder auch nur implizit. Dabei variieren die zeitliche Perspektive, diachron
oder synchron, und vor allem die Anzahl der in den Blick genommenen Objekte. Werden
qualitative Methoden angewendet, so bleibt die Vergleichszahl in der Regel klein und liegt
eher bei zwei miteinander zu vergleichenden Parteiensystemen oder kleinen Typusgruppen,
wie z. B. beim Vergleich von demokratischen und totalitären Parteiensystemen. Die Parteien-
forscher, die quantitative Methoden der empirischen Sozialforschung anwenden, arbeiten
hingegen in der Regel mit größeren Fallzahlen. Als größtmögliche Ausdehnung des Untersuchungsgegenstandes könnten so alle Parteiensysteme der Welt auf ausgewählte Aspekte und
Fragestellungen hin einer vergleichenden Analyse unterzogen werden.

Giovanni Sartori hat in „Parties and party systems" eine Vielzahl unterschiedlicher Parteiensysteme miteinander verglichen. Seine Analyse aus dem Jahre 1976 gilt bis heute als ein
Standardwerk des Parteienvergleichs. Dies allerdings weniger wegen seiner damals sicherlich interessanten Aussagen über das italienische und japanische Parteiensystem, die beide
heute in der damals beschriebenen Form nicht mehr existieren. Rezipiert, kritisiert, angewandt und immer wieder weiterentwickelt wird vielmehr seine Typologie von Parteiensystemen, die neben numerischen Merkmalen auch die Größe von politischen Parteien, ihre
Erfolge und ihr Potenzial einbezieht. Mit Potenzial meint Sartori das Macht-, Verhandlungs-

und Koalitionspotenzial. Bekanntlich können damit auch kleine Parteien große Wirkungen und beachtlichen Einfluss innerhalb eines Parteiensystems erzielen.

Welche Parteien zum Parteiensystem gezählt werden, bestimmt Sartori nicht nach einer bestimmten Mindestzahl an Sitzen oder Stimmen, sondern danach, ob die Partei ein *coalition potential* hat, also möglicherweise für eine Koalition in Frage kommt, selbst wenn sie sehr klein sein mag, oder ob sie ein gewisses *blackmail potential* hat, also einer anderen Partei damit drohen kann, ihr bei Wahlen Stimmen abzujagen (Sartori 1976, S. 121 ff.). Neben der Zahl der Parteien sind die ideologische Distanz zwischen den Parteien, die Segmentierung der Wählerschaft und die Frage der Symmetrie bzw. Asymmetrie zwischen den Parteien für Sartori wichtige Faktoren bei der Typisierung verschiedener Arten von Parteiensystemen (vgl. Abromeit, Stoiber 2006, S. 51). Aus seinen Überlegungen entwickelt er sieben Parteiensystemtypen (Sartori 1976, S. 125 ff.):

1. *one party*: Einparteiensystem;
2. *hegemonic party*: ein Hegemonialsystem, in dem eine Partei so dominant ist, dass sich keine Chancen für andere Parteien ergeben;
3. *predominant party*: ein Dominanzsystem, in dem eine Partei aufgrund des Wählerwillens dominiert, obgleich andere faire Chancen haben;
4. *two party*: Zweiparteiensystem;
5. *limited pluralism*: gemäßigter Pluralismus mit drei bis fünf Parteien;
6. *extreme pluralism*: ein Parteiensystem mit sechs und mehr Parteien, in dem die Instabilitätsgefahr groß ist;
7. *atomized*: ein atomisiertes System mit vielen Klein- und Kleinstorganisationen, die organisatorisch noch vor der Parteibildung stehen bzw. für das politische System nicht relevant sind.

Sartori stellt die Fragmentierung des Parteiensystems und die ideologische Distanz in einer Matrix dar, einem *simplified model*, wie er es nennt (siehe Abbildung 3.7). Dabei zeigt sich zunächst, dass das Einparteiensystem und das atomisierte System für die Parteiensystemanalyse vernachlässigt werden können, da sie zwar Formen von existierenden Parteien abbilden, der Systembegriff auf diese Formen allerdings nicht mehr anwendbar ist. Das *simplified model* bildet aber vor allem einen Analyserahmen für kompetitive Parteiensysteme, die vermessen werden können anhand ihres Fragmentierungsgrades, ihrer ideologischen Distanz und ihrer zentrifugalen und zentripetalen Kräfte.

Für die Vergleichende Regierungslehre ist mit Sartoris Typologisierung des Parteiensystems eine Vergleichsmöglichkeit entwickelt worden, die über die bis dahin gültigen arithmetischen Messungen ein systematisches Erfassen und Vergleichen der in der politischen Realität vorhandenen Parteiensysteme ermöglicht. So schrieb jüngst der renommierte Parteien- und Wahlforscher Dieter Nohlen: „*Parties and Party Systems* ist ein Klassiker der Parteienforschung und weltweit der Standard für vergleichende Analysen von Parteien und Parteiensystemen, auch wenn neuere Entwicklungen weitere Ausdifferenzierungen seiner Parteientypologie nahelegen oder die Ausdehnung der Demokratie auf andere Weltregionen weitere Unterscheidungsmerkmale erfordert" (Nohlen 2004, S. 428).

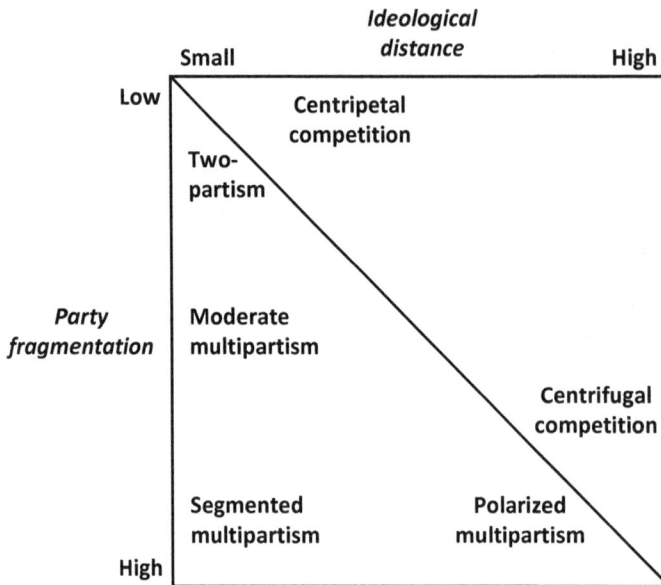

Abb. 3.7:   The overall framework (eigene Darstellung nach Sartori 1976, S. 292).

Mit der Einbeziehung der Parteienanalyse in die Vergleichende Regierungslehre hat die Disziplin ihren Blick über die Beschäftigung mit unterschiedlichen Staats- und Regierungsformen hinaus geweitet. Nicht nur die Unterscheidung von z. B. Monarchie und Republik oder Demokratie und Diktatur, auch die Betrachtung der Konfiguration des Parteiensystems lässt Aussagen darüber zu, ob die Macht in einem politischen System konzentriert ist wie im Einparteiensystem, oder fragmentiert wie im Extremfall des atomisierten Parteiensystems.

Was nehmen wir aus diesem Kapitel mit? Seit es politisches Denken gibt, suchen Autorinnen und Autoren nach Einteilungen und Klassifizierungen. Sie finden solche in der Auseinandersetzung mit dem Staat und seiner Regierung. Die klassische Dreiertypologie von Monarchie, Aristokratie und Demokratie sowie die Unterscheidung zwischen Monarchie und Republik stehen heute nicht mehr im Mittelpunkt der Aufmerksamkeit. Die politikwissenschaftliche Kategorisierung politischer Systeme nach dem Zweiten Weltkrieg schwankt zwischen der Unterscheidung spezifischer Regierungsformen und der allgemeineren Ebene abstrakter Systemtypen. So sind beispielsweise Regierungsformen wie Mehrheits- und Konsensusdemokratien oder parlamentarische und präsidentielle Demokratien als Ausformungen des übergeordneten Regimetyps Demokratie zu verstehen.

In der vormodernen politischen Theorie waren die Vergleiche wenig systematisch und basierten auf eklektischen Datensammlungen. Die statistische Methode stand nicht zur Verfügung. Ebenso wenig konnten die modernen Medien wie Internet genutzt werden, um schnell Informationen über einen Sachbestand zu erlangen. Aristoteles kann seine These von der Nützlichkeit des Mittelstandes für die Stabilität von Regierungssystemen nur durch die Beobachtung einzelner Gemeinwesen aufstellen, beweisen kann er sie nicht. Hierfür fehlen ihm Erhebungen, die beispielsweise das mittlere Lohnniveau in einer Volkswirtschaft berechnen. Allerdings sollte man solche, wenngleich nicht mit mathematischer und statistischer Genauigkeit berechneten Forschungsergebnisse nicht als Spekulation abtun: Die These, wonach ein starker Mittelstand wichtig für demokratische Strukturen ist, hat sich bis heute bestätigt. Andere Ansichten wie diejenige Montesquieus, wonach die Homosexualität im alten Griechenland auf die Praxis nackt ausgeübter sportlicher Betätigung zurückzuführen sei, lassen sich nicht aufrechterhalten. Sie basierte auf der Lektüre antiker Autoren, aus denen Montesquieu seine Schlüsse zog. Berücksichtigt man die schwierige Datenlage, können manche Leistungen der vormodernen Autoren vielleicht umso höher geschätzt werden. Montesquieu hat etwa mit den Theorien zur Gewaltenteilung und zu den Zwischengewalten ein vielleicht bis heute gültiges „eisernes" Gesetz aufgestellt, wie despotische und tyrannische Regime zu verhindern sind.

4   Das Erbe des verfassungsrechtlichen Denkens

In diesem Kapitel stellen wir die Diskussion zur Systematisierung und Kategorisierung von Regierungssystemen dar, wie sie die Vergleichende Regierungslehre vom 19. Jahrhundert ausgehend bis heute führt. Wir blicken zurück auf ältere Entwürfe, die zunächst auf einem stark verfassungsrechtlich orientierten Denken und damit auf der Idee der Gewaltenteilung basierten. Und wir erörtern neuere Konzepte, die im Zuge der Spezialisierung innerhalb der Politikwissenschaft nicht nur das Rechtssystem, sondern den gesamten politischen Entscheidungsprozess in den Fokus nehmen. Ziel ist es,

1) Verständnis für die historische Dimension der Regierungslehre, d. h. den Wandel von der rechtswissenschaftlich orientierten hin zu einer auch soziologische und politische Elemente einbeziehenden Regierungslehre zu entwickeln,

2) die Fähigkeit zu vermitteln, die Unterscheidung in parlamentarische, präsidentielle und semipräsidentielle Regierungssysteme auf Grundlage der Gewaltenteilung zu begründen,

3) die Hintergründe und Wesensmerkmale der Unterscheidung in Mehrheits- und Konsensdemokratie zu erläutern sowie

4) ein Bewusstsein für die Möglichkeiten und Grenzen von *constitutional engineering* zu wecken.

Politikwissenschaftliches Denken war bis zur Mitte des 20. Jahrhunderts meist im Rahmen der Staats- bzw. Rechtswissenschaften zu finden. Das hatte methodische Konsequenzen: Im Mittelpunkt der Überlegungen standen Institutionen und hierbei vor allem Verfassungen. Die Grundordnungen galten als unabhängige Variablen, welche die ganze Gesellschaft mit hoher Genauigkeit steuerten. Dem politischen System, das mit dem Staat oft gleichgesetzt wurde, schrieb man eine Art Allmachtsposition zu. Dies ist verständlich, stellt man sich vor, dass es den staatlichen Strukturen in Europa gelang, bis in die entferntesten Winkel ihrer Territorien vorzudringen, um z. B. Millionen junger Männer während der beiden Weltkriege zum Kriegsdienst einzuziehen. Erst später kommt es in der Geschichte der Vergleichenden Regierungslehre zu einer zunehmenden Skepsis gegenüber der politischen Steuerungsfähigkeit (vgl. von Beyme 1992). Ausschlaggebend hierfür waren zum einen negative Fortschrittserfahrungen, wie sie durch die europäischen Bürgerkriege oder durch die Atombombe gemacht wurden (vgl. Faul 1984), zum anderen setzte sich seit den 1970er Jahren die Einsicht durch, dass die Regierungen nur bedingt in der Lage sind, das als immer dominanter empfundene ökonomische System zu steuern. Doch zurück zum 19. Jahrhundert: Die stark auf die Verfassungen zugeschnittenen wissenschaftlichen Arbeiten entwickelten sich im Rahmen einer politischen Bewegung, dem Konstitutionalismus.

Begriff Konstitutionalismus

Der Konstitutionalismus bezeichnet eine Denkrichtung und politische Bewegung des 19. Jahrhunderts, die dem Liberalismus nahestand. Von ihr beeinflusste Autoren sprachen sich für die Einführung geschriebener Verfassungen aus. Die Staatsorganisation sollte einen normativen Rahmen erhalten, innerhalb dessen absolute oder willkürliche Herrschaft unmöglich war. Wichtige Ziele waren der Schutz individueller Rechte (z. B. Wahlrecht) und die Kontrolle der politischen Macht (z. B. Gewaltenteilung).

Der Konstitutionalismus entstand im Zuge der Demokratisierung von Gesellschaften im 18. und 19. Jahrhundert und ist eng mit der amerikanischen und französischen Revolution verbunden. Beide verankerten das Gleichheitsprinzip als radikal neuer Modus in den westlichen Gesellschaften. Die Forderung nach rechtlicher Gleichheit führte zu Forderungen, dieses Prinzip (und andere) durch eine Verfassung zu schützen. Die Konstitutionalisten verlangten nach einer Staatsform, in der die Rechte und Pflichten der Staatsgewalt (zunächst des Monarchen) und der Bürger in einem grundlegenden Text für die Gemeinschaft festgelegt sind. Jede Staatsfunktion sollte auch Rechtsfunktion sein, d. h. der Staat darf ohne rechtliche Grundlage in Form eines durch demokratische Verfahren entstandenen Gesetzes (oder einer Verordnung) nicht handeln. Das Verfassungsrecht wiederum sollte vor einem einfachen Zugriff des Gesetzgebers geschützt werden: es kann nur unter Überwindung hoher Hürden geändert werden. So bedarf ein verfassungsänderndes Gesetz für die Änderung des Grundgesetzes beispielsweise einer Zweidrittelmehrheit im Bundestag und Bundesrat (Art. 79 GG). Manche Bereiche des Verfassungsrechts, wie die Gliederung des Bundes in Länder, die Mitwirkung der Länder an der Gesetzgebung und die in Art. 1 und Art. 20 GG niedergelegten Grundsätze sind einer Veränderung gänzlich entzogen (Art. 79 Abs. 3 GG: Ewigkeitsklausel). Für ein einfaches Gesetz reicht hingegen die Mehrheit der Abgeordneten aus (Art. 77 GG). Eine weitere Absicherung gegenüber willkürlicher Herrschaft sollte eine unabhängige Instanz – ein Verfassungsgericht – gewährleisten. Es hat zur Aufgabe, Gesetze auf ihre Verfassungskonformität hin zu überprüfen.

Der Konstitutionalismus schuf eine neue Anforderung an die Legitimität von Herrschaft. Die Grundaussage lautete, dass Legitimität durch Verfassungen erreicht werden kann, d. h. durch die verfassungsrechtliche Festlegung von Grund- und Menschenrechten, von bestimmten Verfahren (z. B. allgemeine und gleiche Wahlen) und allgemein durch die Einschränkung der Macht des Staates. Im Zuge dieser Bewegung kam es zur Aufgabe der empirischen Gleichbehandlung verschiedener Regierungssysteme, wie sie bis dahin vorzufinden war. Monarchie und Oligarchie galten als überholt und wurden von vielen Autoren zu Regimen der Vergangenheit erklärt, die ähnlich wie die Tauschwirtschaft historisch veraltet erschienen (vgl. Blondel 1985, S. 8).[12] Der Demokratie sollte die Zukunft gehören.

Methode formal-institutioneller Ansätze

Aus dieser Ausgangslage wurde die Methode abgeleitet: Es ging um die deduktive Analyse des Rechtssystems. Die rechtlichen Strukturen wurden als dominant und für die Beschrei-

---

[12] Diese Einschätzung kann heute als etwas übereilt bezeichnet werden, betrachtet man die erstaunliche Kontinuität der monarchischen Staatsform (vgl. Riescher et al. 2008) und die vielleicht weniger erstaunliche Konjunktur von Diktaturen.

bung des politischen Systems als ausreichend erachtet. Solche Untersuchungen werden als formal-institutionelle Ansätze der Vergleichenden Regierungslehre bezeichnet. Da es vielen Wissenschaftlern um die Beschreibung von Institutionen wie Verfassungen, Regierungen, Parlamenten u. a. m. sowie deren Aufgaben ging, bekam dieser Ansatz den Namen „Institutionalismus" oder heute auch „Alter Institutionalismus". Wichtige Vertreter dieser Richtung waren Harold Laski (vgl. Laski 1951) oder Carl Joachim Friedrich (vgl. Friedrich 1946). Der Ansatz blieb bis in die Mitte des 20. Jahrhunderts bestimmend. In seiner Tradition stehen Theorien der Pfadabhängigkeit, wie die Unterscheidung eher revolutionärer und eher reformorientierter politischer Kulturen, und Theorien zum Regierungssystem, wie die Unterscheidung zwischen parlamentarischen und präsidentiellen Regierungssystemen. Auch heute finden diese noch Anwendung und befruchten in zahlreichen Wandlungen die Diskussion. Auf beide werden wir im Folgenden eingehen.

4.1   Theorien der Pfadabhängigkeit

Der Begriff Pfadabhängigkeit (*path dependence*) stammt aus den Technik- und Wirtschaftswissenschaften und bezeichnet a) die Stabilität von Institutionen und/oder b) die durch Institutionen eingeschränkten Handlungsspielräume von Akteuren. Der Kontext hat entsprechend eine wichtige Bedeutung z. B. für die Frage nach dem Erfolg politischer Reformen. Einmal etablierte Institutionen sind nur schwer zu ändern. Deshalb kommt dem Moment der Institutionenbildung eine besondere Bedeutung zu, wenn beispielsweise im Rahmen einer Revolution eine alte Institution durch eine neue ersetzt wird. Solche Erneuerungen mit weit reichenden Folgen gab es z. B. durch die Umwandlung von Monarchien zu Republiken am Ende des Ersten Weltkrieges in Deutschland und Österreich-Ungarn, die Umwandlung marktwirtschaftlicher Produktionsweisen zu sozialistischen in Folge der bolschewistischen Revolution in Russland nach 1917 und nach dem Zweiten Weltkrieg in der DDR sowie in vielen Ländern Osteuropas oder durch die Einführung des allgemeinen (Frauen)Wahlrechts in Deutschland nach dem Ersten, in Frankreich nach dem Zweiten Weltkrieg oder auf der Bundesebene in der Schweiz 1971.

Verfassungsrecht und Stabilität: das englische Beispiel
Zu den Theorien der Pfadabhängigkeit gehören Studien zum historischen Entwicklungsprozess von Verfassungen. Hierbei erhielt England eine Vorbildfunktion. Kurt Kluxen macht darauf aufmerksam, dass sich das politische System auf der Insel in langsamen und kontinuierlichen Schritten vom altständischen Regime des Mittelalters (Wahlkönigtum, Stände, dezentrale Herrschaften) zum parlamentarischen Regierungssystem entwickelte (vgl. Kluxen 1983). Die Wähler beeinflussten damit nicht nur die Besetzung des Parlaments mit Abgeordneten, sondern konnten durch den Wahlakt auch mittelbar Einfluss auf die Konstituierung der Regierung und deren Dauer im Amt nehmen. Zugleich drängte das Parlament den Machtanspruch des Monarchen in dem Maße zurück, dass Walter Bagehot (1826–1877), bereits 1865 die Rolle des Monarchen nur noch als „dignified part" der Verfassung ausmachte: seine formale Macht war nur noch gering, wenngleich Bagehot die symbolische Qualität der Monarchie heraushob. Damit gelang in Großbritannien schrittweise die Verbindung von Monarchie und Demokratie. Mit Blick auf diese Entwicklung wurden auch Phaseneinteilungen vorgenommen, in denen bestimmten Institutionen eine Dominanz im Regierungssystem zugespro-

chen wurde. Die Periode von 1832 bis 1867 wurde als parlamentarische Regierung (*parliamentary government*) eingestuft, danach habe das Kabinett die wichtigste Rolle übernommen (*cabinet government*), bevor diese schließlich dem Premierminister zugesprochen wurde (*prime ministerial government*).

Abb. 4.1:   Debatte im britischen Unterhaus (Druck, 1834).

Mit derartigen Theorien ging die Annahme einher, dass die verfassungsrechtlichen Ausgangslagen in Großbritannien besonders positiv auf die Stabilität des politischen Systems wirken, weshalb es Reformen, aber keine Revolutionen gab. Das Debattieren im Parlament galt als Sinnbild dieser (friedlichen) Entwicklung. Da die Mehrheitswahl in Großbritannien zu einem stabilen Zweiparteiensystem mit Einparteienregierungen führte, wurden in der Bundesrepublik in den 1950er und 1960er Jahren im Rahmen der Wahlrechtsdiskussion diese positiven Elemente besonders hervorgehoben. Vor der Verhältniswahl wurde gewarnt. Sie stand im Verdacht Mehrparteiensysteme zu generieren, die Koalitionsregierungen vonnöten machen und deshalb eher zu Instabilität neigen. Die Weimarer Republik mit ihren zahlreichen Regierungswechseln war hier das negative Vorbild.

Verfassungsrecht und Instabilität: das französische Beispiel

Ganz im Gegensatz zur evolutionären Entwicklung in England steht Frankreich, das den Schritt vom Absolutismus zur Demokratie in Phasen revolutionärer Umbrüche vollzog. Die Verfassungsgeschichte ist hier von Instabilität geprägt. In Frankreich mischen sich seit der Französischen Revolution vier politische Kulturen, die a) auf der absoluten Monarchie des

Ancien Régime, b) auf der napoleonischen Tradition des populistischen Cäsarismus, c) auf der konstitutionellen Monarchie und d) auf dem demokratischen Republikanismus basieren. In unterschiedlichen Verhältnissen sind diese politischen Kulturen in die 16 Verfassungen seit 1789 eingegangen. Dabei hat sich die politische Kultur des demokratischen Republikanismus durchgesetzt. Die aktuelle V. Republik ist mit über 50 Jahren bisher nach der III. Republik die langlebigste Verfassung, wobei die Instabilität des Parteiensystems erhalten blieb. Der häufige Wechsel der Verfassungsordnung war in Frankreich nicht selten durch Revolutionen bedingt und kann als Instabilität gewertet werden.

Abb. 4.2:   „Die Freiheit führt das Volk" (Gemälde von Eugène Delacroix, 1830).

Wie die beiden Beispiele Frankreich und England zeigen, verweisen die Theorien der Pfad-abhängigkeit auf:

- die Langlebigkeit institutioneller Setzungen: Institutionen – wie in unseren Beispielen die Verfassungen – besitzen eine erhebliche Bedeutung und sind (theoretisch) auf Dauer eingerichtet;
- die historische Existenz politischer Systeme: Diese sind nicht in der Gegenwart alleine verankert. So finden heutige Akteure der Politik Handlungsmuster und damit auch Handlungseinschränkungen vor, bevor sie mit dem Regieren beginnen. Politische Steue-rung und die hieraus resultierenden Policies sind entsprechend von früher entstandenen

politischen Strukturen geprägt (Pfad) und manchmal davon abhängig (Pfadabhängigkeit);

• die Problematik des Wandels von Policies: Reformen sind riskant, da die Resultate ungewiss und eventuell teuer sind. Auch bedürfen neue Regelungen erst des guten Funktionierens, bevor Akteure Vertrauen in sie haben. Eventuell suchen die Nutznießer des alten Weges die Reformen zu verhindern, da sie in ihnen keinen Vorteil erkennen können.

Eine Policy mit hohem Grad an Pfadabhängigkeit sind beispielsweise die Regelungen in der Gesundheitspolitik, obwohl gerade dieses Politikfeld häufig reformiert wird. Reformen des Gesundheitssystems haben sich in modernen Staaten als permanente politische Aufgabe eingestellt, bei der viele Akteure zu berücksichtigen sind: Ärzte, Pharmaindustrie, Krankenhäuser, Krankenkassen, Steuerzahler u. a. m. Zugleich sind radikale Reformen, z. B. die Umstellung auf eine einheitliche Krankenversicherung für alle Bürger, kaum möglich, da immer auch der „Grundsatz" der bisherigen gesetzlichen Regelungen berücksichtigt werden muss. So haben die Mitglieder privater Krankenversicherungen Rechtsansprüche über die Zeit erworben (z. B. stabile Beitragszahlungen im Alter), die durch eine Reform nicht einfach verfallen dürfen. Der Gesetzgeber muss mit diesen Einschränkungen arbeiten.

4.2   Parlamentarismus versus Präsidentialismus

Die Untersuchungen formal-institutioneller Ansätze orientieren sich an den verfassungsrechtlichen Elementen der Regierungssysteme, wie sie beispielsweise in der Beziehung zwischen der Exekutive und Legislative, der Regierung und dem Parlament zum Ausdruck kommen. Es geht dabei um

• die Beschreibung von Institutionen und ihrer Kompetenzen, z. B. die Funktionen des Parlaments (intra-organische Beschreibungen),

• die Beziehungen zwischen verschiedenen Verfassungsinstitutionen, z. B. zwischen der Regierung und dem Parlament (inter-organische Beschreibungen).

Sind diese Arbeiten vergleichend angelegt, haben sie meist das Ziel, eine Typologie aufzustellen, welche die zahlreichen Beziehungsmuster erfassen soll. Bedeutend wurde hierbei die Diskussion über das parlamentarische und das präsidentielle Regierungssystem. Dabei lassen sich drei Phasen unterscheiden: die erste Phase geht vom 19. Jahrhundert bis in die 1970er Jahre. Hier beschäftigten sich die Autoren hauptsächlich mit den beiden Prototypen des Parlamentarismus und des Präsidentialismus, mit Großbritannien und den USA. In der zweiten Phase von den 1970er Jahren bis in die 1990er Jahre erlebte die Debatte eine Konzentration auf die systematische Begriffsbestimmung. Die dritte Phase beginnt mit der Demokratisierungswelle nach 1989: In ihr zeigt sich eine Ausweitung der behandelten Fälle auf die durch die Systemtransformation demokratisierten Länder Mittel- und Osteuropas sowie auf lateinamerikanische, asiatische und afrikanische Staaten. Gemeinsam sind allen Arbeiten Versuche der begrifflichen Einordnung, die Ermittlung der Ursprünge und die Suche nach Vor- und Nachteilen und damit nach Konsequenzen der Regierungssysteme.

Abb. 4.3:   Palace of Westminster, London, Sitz des britischen Parlaments.

Abb. 4.4:   United States Capitol, Washington, Sitz des US-amerikanischen Parlaments.

4.2.1   Großbritannien versus USA

Die vornehmlich in den angelsächsischen Ländern seit Mitte des 19. Jahrhunderts geführte Diskussion über die Vor- und Nachteile des parlamentarischen und präsidentiellen Regierungssystems ging von den Prototypen Großbritannien und USA aus. Der Journalist, Essayist und Herausgeber der noch heute angesehenen Zeitschrift „The Economist" Walter Bagehot (1826–1877) verfolgte in seiner oft rezipierten Studie „The English Constitution" die Absicht, durch einen Verfassungsvergleich die Vorzüge des britischen Parlamentarismus gegenüber seinem „great competitor", dem präsidentiellen System in den USA, herauszustellen (vgl. Bagehot 2001). Auch Woodrow Wilson (1856–1924), ebenfalls ein exponierter Bewunderer des britischen Regierungssystems, kritisierte die strikte Gewaltentrennung im amerikanischen System als ineffizient und als „present clumsy misrule of Congress" (Wilson 1884; s. a. Auszüge in Lijphart 2004b, S. 72 ff.). Der vergleichende Blick nach Großbritannien als das Land der „best practice", das durch die industrielle Revolution reich geworden und mit dem Empire eine bisher ungeheure Ausdehnung erreicht hatte, sollte die Forderungen vieler Autoren nach Änderungen der amerikanischen Verfassung empirisch stützen. Wilson etwa wünschte sich die Verantwortlichkeit der Minister vor dem Kongress. Auch forderte er die Aufhebung des Inkompatibilitätsgebots – die Unvereinbarkeit von Ministeramt und Parlamentsmandat. Das amerikanische *committee government* sollte sich zu einem *cabinet government* nach britischem Vorbild wandeln (vgl. Wilson 1884). Auch Bagehot kritisiert eine Reihe von angeblichen Missständen wie die mangelnde Effizienz des präsidentiellen Systems. Mehr aber als andere Teilnehmer der Reformdebatte und trotz der eingeschränkten Perspektive des Vergleichs besaß der Brite ein systematisch-theoretisches Interesse. Zu Beginn seiner Studie etwa gibt er eine abstrakte Definition des präsidentiellen Systems: „The characteristic of it is that the president is elected from the people by one process, and the house of representatives by another" (vgl. dazu und zum Folgenden die Auszüge aus Bagehot in: Lijphart 2004b, S. 66–71 und Bagehot 2001). Bagehot beschreibt zudem das Verhältnis von Exekutive und Legislative als zentrales Feld des Systemvergleichs. In der Beziehung beider Elemente liegen auch die von ihm gegenüber dem Präsidentialismus erhobenen Vorwürfe:

Abb. 4.6: Walter Bagehot.

Abb. 4.5: Woodrow Wilson.

Die getrennte demokratische Legitimation von Präsident und Kongress führe erstens zur Schwächung des Kongresses, da dieser keine Kontrolle über den Präsidenten habe, und zweitens zur Schwächung des Präsidenten, der bei einer ungünstigen Mehrheitskonstellation im Kongress in seiner Amtsführung eingeschränkt oder blockiert sei.

Die systematische Komponente des Vergleichs trat weiter hervor in einer bekannten Debatte der 1940er Jahre: Harold Laski (1893–1950) und Don Price (1910–1995) diskutierten dort die Merkmale und Vorzüge der beiden Systemtypen (vgl. Price 1971; Laski 1971). Dabei teilen sie mit ihren Vorgängern die Konzentration auf den Vergleich der USA mit Großbritannien sowie das Interesse an der Frage, welches der beiden Systeme das bessere sei. Prices Angriffe auf den britischen Parlamentarismus konzentrieren sich auf die Frage der Kontrolle der Regierung durch das Parlament. Im Unterschied zu Bagehot betrachtet er diese als bloße Fiktion, welche die enorme Machtkonzentration in den Händen des Premierministers verschleiere. Dieser könne jederzeit Neuwahlen ausrufen und durch seine Stellung in der Regierungspartei das Parlament von unliebsamen Abgeordneten „säubern". Ein weiterer Vorzug des Präsidentialismus liegt für Price in der vom Kongress ausgeübten strengen Verwaltungskontrolle. Außerdem eignet sich der Präsidentialismus nach seiner Lesart für föderale Systeme eher, da das Parlament dort nicht immer mit der Durchsetzung der Regierungsvorlagen befasst sei. Schließlich führe ein präsidentielles System zu einer kooperativen Opposition, die nicht grundsätzlich eine Blockadehaltung einnehme.

Laski hingegen argumentiert ganz im Sinne der Pfadabhängigkeit und betont die Wichtigkeit des historischen Kontextes, in dem sich jedes politische System befindet. Dieses lasse sich nur unter Berücksichtigung der gewachsenen historischen Verhältnisse untersuchen. Laski verweist auf den wichtigen Aspekt, wonach nicht alleine die Beziehungen zwischen Exekutive und Legislative für die Beschreibung der Regierungssysteme zu berücksichtigen sind, sondern auch die weitere politische Kultur.

Systematisierung der Benennung

Zahlreiche Autoren bemühten und bemühen sich um eine ausgefeilte Systematisierung der Benennung von Regierungssystemen. Manchmal führt dies zu hoch komplexen und tief ausdifferenzierten Benennungsversuchen unter Zuhilfenahme zahlreicher Neologismen, d. h. Wortneuschöpfungen (vgl. Küchenhoff 1967). Die normative Frage nach dem besseren oder besten Systemtyp tritt hierbei in dem Maße in den Hintergrund, in dem die genaue analytische Erfassung und die Identifizierung eindeutiger Unterscheidungsmerkmale das Hauptinteresse der Forscherinnen und Forscher ausmachte. Exemplarisch für dieses Anliegen ist die Arbeit von Douglas Verney (vgl. Verney 1959). Verney stellt für beide Systemtypen elf Kriterien auf (siehe Tabelle 4.1), die sich sehr eng an den beiden Realtypen USA und Großbritannien orientieren.

Verney nimmt keine Rangfolge der Merkmale an, sondern lässt diese gleichberechtigt nebeneinander stehen. Freilich konzentriert sich Verney ähnlich wie Price auf die parlamentarische Regierungskontrolle als wichtiges Kriterium. Fixiert bleibt sein Katalog aber auf die beiden Prototypen USA und Großbritannien und damit auf zwei historische Einzelfälle.

Tab. 4.1:   Kennzeichen parlamentarischer und präsidentieller Regierungssysteme (nach Verney 1959).

Parlamentarisches Regierungssystem (UK)	Präsidentielles Regierungssystem (USA)
1. The assembly becomes a parliament.	1. The assembly remains an assembly only.
2. The executive is divided into two parts.	2. The executive is not divided but its president elected by the people for a definite term at the time of assembly elections.
3. The head of state appoints the head of government.	3. The head of the government is head of state.
4. The head of government appoints the ministry.	4. The president appoints heads of departments who are his subordinates.
5. The ministry (or government) is a collective body.	5. The president is sole executive.
6. Ministers are usually members of parliament.	6. Members of the assembly are not eligible for office in the administration and vice versa.
7. The government is politically responsible to the assembly.	7. The executive is responsible to the constitution.
8. The head of government may advise the head of state to dissolve parliament.	8. The president cannot dissolve or coerce the assembly.
9. Parliament as a whole is supreme over its constituent parts, government and assembly, neither of which may dominate the other.	9. The assembly is ultimately supreme over the other branches of government and there is no fusion of the executive and legislative branches as in parliament.
10. The government as a whole is only indirectly responsible to the electorate.	10. The executive is directly responsible to the electorate.
11. Parliament is the focus of power in the political system.	11. There is no focus of power in the political system.

4.2.2   Kerntheorien: Winfried Steffani, Arend Lijphart und Maurice Duverger

Abstrakter verfolgt Winfried Steffani (1927–2000) in seiner bedeutenden Analyse die beiden Kategorien. In seiner „systematisch-funktionalen" Analyse berücksichtigt er sowohl verfassungsrechtliche wie verfassungspolitische Gesichtspunkte, um möglichst alle demokratischen Systeme einem Typ zuordnen zu können (vgl. Steffani 1979; Steffani 1983). Es geht ihm dabei um die Identifizierung eines „maßgeblichen Merkmals" der beiden Regierungssysteme. Hierdurch entsteht eine „Kerntheorie", deren Mittelpunkt eine zentrale Unterscheidung beinhaltet. Den Kern des parlamentarischen Systems sieht Steffani im Recht des Parlaments, die Regierung aus politischen Gründen abzuberufen (Misstrauensvotum):

> „Parlamente in einem parlamentarischen Regierungssystem (parlamentarische Parlamente) verfügen über dieses Recht, Parlamente in einem präsidentiellen Regierungssystem (präsidentielle Parlamente) hingegen nicht" (Steffani 1983, S. 392).

Im Unterschied zum präsidentiellen Regierungssystem ist im

> „parlamentarischen System [...] die Regierung [...] in ihrer Amtsdauer und Amtsführung grundsätzlich vom Vertrauen der Parlamentsmehrheit abhängig, die über das Recht der Abberufung aus politischen Gründen (Mißtrauensvotum) verfügt und deren Fraktionen

durch Fraktions- und Koalitionsdisziplin für die Stabilität der Regierung Sorge zu tragen haben" (Steffani 1983, S. 392).

Verfassungspolitisch ist das Abberufungsrecht deshalb zentral, weil es die Systemfunktionen der Parteien steuert und damit das Parteiensystem bestimmt. Als funktionale Konsequenzen ergeben sich für parlamentarische Systeme:

- die Wahlfunktion des Parlaments (gegenüber dem Regierungschef),
- die enge Verbindung zwischen Parlamentsmehrheit und Regierung, die zur Regierungsmehrheit verschmelzen sowie
- die Steuerungsaufgabe für den Regierungschef.

Ferner herrscht in „parlamentarischen Parlamenten" Fraktionsdisziplin. Die enge Verbindung zwischen Abgeordneten und Fraktionen ist hingegen in „präsidentiellen Parlamenten" nicht in gleichem Maße gegeben. Hier sind Parlamente durch eine „innerparlamentarische Dezentralisierung" und damit durch eine große Unabhängigkeit der Abgeordneten gegenüber ihren Fraktionen gekennzeichnet. Außerdem kennen präsidentielle Systeme keine systematische parlamentarische Opposition und keinen Oppositionsführer – beide Merkmale charakterisieren parlamentarische Regierungssysteme. Die Exekutive kann in parlamentarischen Systemen als „doppelt" (Staatsoberhaupt und Regierungschef), in präsidentiellen als „geschlossen" verstanden werden (Staatsoberhaupt und Regierungschef bilden eine Einheit). Neben dem primären Unterscheidungsmerkmal der (Nicht-)Abberufbarkeit der Regierung können also noch supplementäre Merkmale zur Typologisierung herangezogen werden. Dazu zählen: Parlamentsauflösungsrecht, Vereinbarkeit von Abgeordnetenmandat und Ministeramt (Kompatibilität) u. a. (vgl. Steffani 1983, S. 392 ff.). Alle um den Kern herum angelegten Merkmale sind von gradueller Art und besitzen entsprechend mehr oder weniger Bedeutung für das jeweilige Regierungssystem. Für das parlamentarische Regierungssystem ergibt sich folgendes Schaubild:

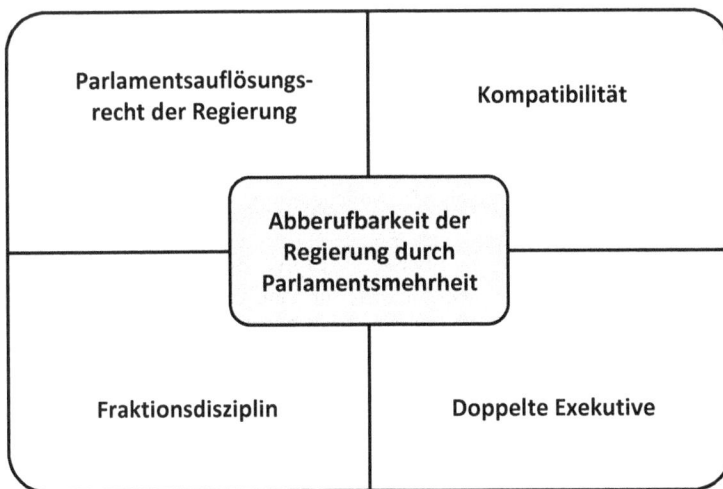

Abb. 4.7:   Merkmale der parlamentarischen Demokratie (eigene Darstellung).

Beim präsidentiellen Regierungssystem besteht der zentrale Kern genau in der gegenteiligen Verfassungsregel: Die Regierung ist aus politischen Gründen nicht von einer Mehrheit des

Parlaments abberufbar. Das präsidentielle Regierungssystem stellt das historisch ältere Modell dar. Zu seiner Grundform gehört die konstitutionelle Monarchie, in welcher der König nicht abberufbar ist.

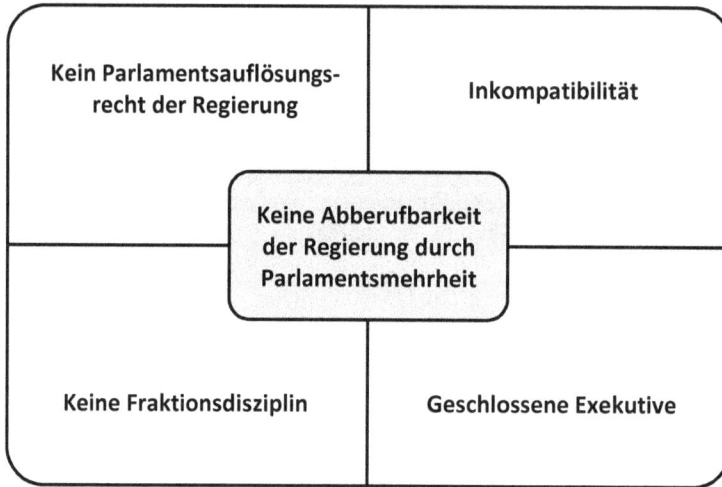

Abb. 4.8:   Merkmale der präsidentiellen Demokratie (eigene Darstellung).

Auch Arend Lijphart (geb. 1936) charakterisiert die beiden Regierungssysteme *erstens* durch das Merkmal der parlamentarischen Abberufbarkeit des Chefs der Exekutive (*head of government*) und dessen Kabinett. Er nennt allerdings noch zwei weitere zentrale Merkmale: Das Volk wählt *zweitens* die Exekutivspitze direkt oder indirekt und *drittens* muss die Zahl der maßgeblichen Personen in der Regierung berücksichtigt werden: Im Präsidentialismus ist dies die „Ein-Personen-Exekutive", im Parlamentarismus die „kollegiale Exekutive" – eine Unterscheidung, welche in erheblichem Maße für das Funktionieren des Regierungssystems in Form einer Mehrheits- oder Konsensdemokratie verantwortlich ist (s. u.). Aus den drei Merkmalen Lijpharts ergibt sich eine Matrix mit acht möglichen Kombinationen (siehe Tabelle 4.2).

In der Tabelle lassen sich sehr unterschiedliche Regierungssysteme – auch die schwieriger zu klassifizierenden Fälle wie beispielsweise die Schweiz – eindeutig zuordnen. Der Bundesrat der Schweizer Eidgenossenschaft, die oberste exekutive Behörde, besteht aus sieben gleichberechtigten Mitgliedern, die vom Nationalrat für eine feststehende Wahlperiode gewählt werden. Aus ihrer Mitte wählen die Bundesräte den Bundespräsidenten. Er wechselt jährlich und kann nicht im Sinne anderer politischer Systeme als Staatsoberhaupt bezeichnet werden. Ein Misstrauensvotum gegen das Kollektivorgan sieht die Verfassung nicht vor.

Tab. 4.2:   A typology of parliamentary, presidential, and 'mixed' forms of democracy, and some empirical examples (Darstellung nach Lijphart 2004a, S. 6).

	Collegial executive		One-person executive	
	Dependent on legislative confidence	Not dependent on legislative confidence	Dependent on legislative confidence	Not dependent on legislative confidence
Executive selected by legislature	*Parliamentary:* Most West European democracies Australia Canada India Israel Jamaica Japan Malaysia New Zealand Nigeria (1960–66)	Switzerland	No empirical examples	Lebanon
Executive selected by voters	No empirical examples	Cyprus (1960–63) Uruguay (1952–67)	No empirical examples	*Presidential:* Most Latin American democracies Cyprus France (5th Rep.) Philippines South Korea United States Nigeria (1979–83)

Obwohl die Schweiz hier gut einzuordnen ist, breiten bestimmte andere Fälle Schwierigkeiten, nämlich Regierungssysteme, die sowohl einen direkt gewählten Präsidenten wie einen vom Parlament abberufbaren Premierminister (bzw. eine Regierung) kennen, wie dies in der V. Französischen Republik der Fall ist. Maurice Duverger (geb. 1917) betitelt diese Systeme als „semi-präsidentiell" (s. u.). Über die Einordnung in die Achtfeldermatrix entscheidet die Kompetenz des Staatsoberhauptes in der Verfassungspraxis. Lijphart reiht den französischen Fall ein unter die präsidentiellen Systeme mit Ein-Personen-Exekutive, die nicht vom Parlament abberufbar sind. Dies gilt in Frankreich jedoch nur solange die den Staatspräsidenten tragenden Parteien eine Mehrheit in der Nationalversammlung besitzen – verliert der Staatspräsident die Unterstützung der Parlamentsmehrheit, „alterniert" das System zu einem parlamentarischen und müsste in die obere linke Zelle eingruppiert werden. Diese Situation, die Kohabitation, bestand im französischen politischen System bisher in den Jahren 1986–1988, 1993–1995 und 1997–2002.

Betrachtet man die Verteilung der beiden Systemtypen Parlamentarismus und Präsidentialismus auf dem Globus, erscheinen präsidentielle Systeme ein Übergewicht zu haben (siehe Abbildung 4.9). Deutlich zu erkennen sind die Pfadabhängigkeiten: das parlamentarische System übernahmen weitgehend die ehemaligen Kolonien der britischen Krone (z. B. Kanada, Australien, Indien u. a.). Dagegen orientierten sich vor allem Länder in Südamerika und Afrika am amerikanischen Vorbild (vgl. Friedrich 1967, von Beyme und Friedrich 1987).

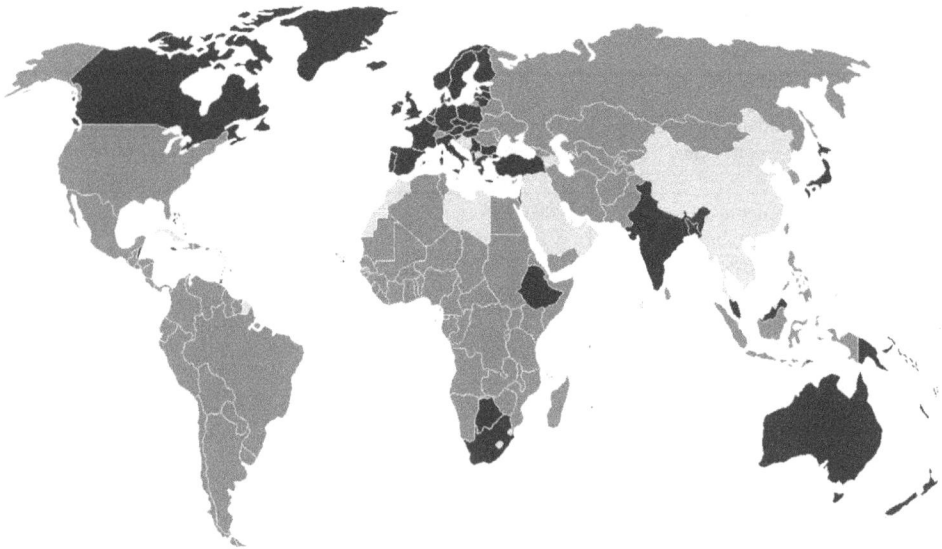

Abb. 4.9:   Parlamentarische und präsidentielle Systeme (eigene Darstellung nach Friske 2007, S. 124).
             Schwarz dargestellt sind Länder mit parlamentarischen Systemen, dunkelgrau solche mit präsi-
             dentiellen Systemen und hellgrau sonstige Länder (Volksrepubliken, konstitutionelle Monar-
             chien etc.).

Semipräsidentialismus

Wie bereits angedeutet, vertritt der französische Politologe Maurice Duvergers (geb. 1917)
die These, wonach es noch einen dritten Systemtypus gibt: das semipräsidentielle Regierungssystem. Im Kern dieses Typs steht die (direkte oder indirekte) Volkswahl des Präsidenten. Sie verleiht dem Präsidenten größere Kompetenzen als dem Staatsoberhaupt in den parlamentarischen Regierungssystemen, das nur eine repräsentative Rolle besitzt. Der semipräsidentielle Präsident verfügt auch meist über ein Auflösungsrecht gegenüber dem Parlament
(evtl. zusammen mit dem Premierminister). Dem Präsidenten steht ein Premierminister mit
exekutiver Kompetenz gegenüber (doppelte Exekutive). Letzterer ist wiederum mit seiner
Regierung von der Mehrheit im Parlament abhängig. Entscheidend ist nun das Verhalten der
Parlamentsmehrheit: Entstammt sie dem politischen Lager des Präsidenten, steht diesem ein
erhebliches Machtpotenzial zur Verfügung. Steht die Mehrheit der Abgeordneten hingegen
nicht dem Präsidenten nahe, so fällt ein erheblicher Teil der Macht auf den Premierminister,
auf den sie Mehrheit Einfluss nimmt. Damit ist eine doppelte Lesart der Verfassung möglich:
je nachdem wie die Mehrheitsverhältnisse im Parlament gestaltet sind (vgl. Duverger 1980,
S. 166).

```
┌─────────────────────────────┬─────────────────────────────┐
│   Parlamentsauflösungs-      │    Abberufbarkeit der        │
│  recht des Präsidenten /     │      Regierung               │
│     der Regierung            │                              │
│         ┌ ─ ─ ─ ─ ─ ─ ─ ─ ─ ─ ┐                             │
│         ╎   Volkswahl des     ╎                             │
│         ╎    Präsidenten      ╎                             │
│         ╎ (direkt oder indirekt) ╎                          │
│         └ ─ ─ ─ ─ ─ ─ ─ ─ ─ ─ ┘                             │
│                              │    Doppelte Exekutive        │
│   Erweitere Kompetenzen      │  Präsident teilt Macht mit   │
│     des Präsidenten          │     Premierminister          │
└─────────────────────────────┴─────────────────────────────┘
```

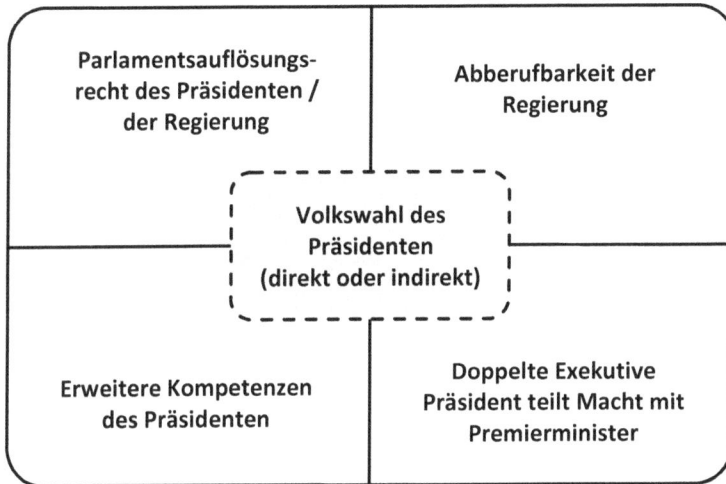

Abb. 4.10: Merkmale der semipräsidentiellen Demokratie (eigene Darstellung).

Aus dem Verfassungsvergleich mehrerer Länder leitet Duverger drei Typen semipräsidentiel-ler Staatspräsidenten ab:

- Präsidenten mit nur kontrollierender Macht, sie dürfen z. B. Gesetze der verfassungs-rechtlichen Überprüfung zuleiten, Referenden ansetzen, die Gegenzeichnung von Geset-zen verweigern (Frankreich, Irland);
- Präsidenten, welche den Premierminister entlassen können (Weimarer Republik, Öster-reich, Portugal);
- Präsidenten mit mehr exekutiven als kontrollierenden Kompetenzen (Island, Finnland) (vgl. Duverger 1980, S. 166).

Allerdings beobachtet Duverger, dass Verfassungstext und Verfassungswirklichkeit nicht überall übereinstimmen. Teils sind die ausgeübten Kompetenzen umfangreicher, teils gerin-ger als rechtlich vorgesehen und nur manchmal stimmen sie mit dem Verfassungstext über-ein. Verfassungstext und Verfassungswirklichkeit fallen also auseinander. Auf dieser Grund-lage bringt Duverger 1980 die Präsidenten unterschiedlicher politischer Systeme in eine Rangordnung (siehe Abbildung 4.11).

Duvergers These provozierte in der Forschung eine Kontroverse, ob der Semipräsidentia-lismus tatsächlich einen eigenständigen Systemtyp darstellt: Einige Autoren – wie Steffani – betonten weiterhin das primäre Unterscheidungsmerkmal der Abberufbarkeit der Regierung als einzig relevantes Einteilungskriterium (vgl. Steffani 1983; Steffani 1997; Le Divellec 1996); andere sehen in den semipräsidentiellen Systemen lediglich alternierende Modi der Verfassungspraxis, die zwischen präsidentieller und parlamentarischer Lesart schwankt, abhängig davon, ob die Präsidentenpartei auch die Mehrheit der Abgeordneten stellt (vgl. Vedel 1978); wiederum andere betrachten den Semipräsidentialismus als Mittelweg zwischen präsidentiellem und parlamentarischem System im Sinne eines Regierungssystems sui gene-ris (vgl. Bahro und Veser 1995).

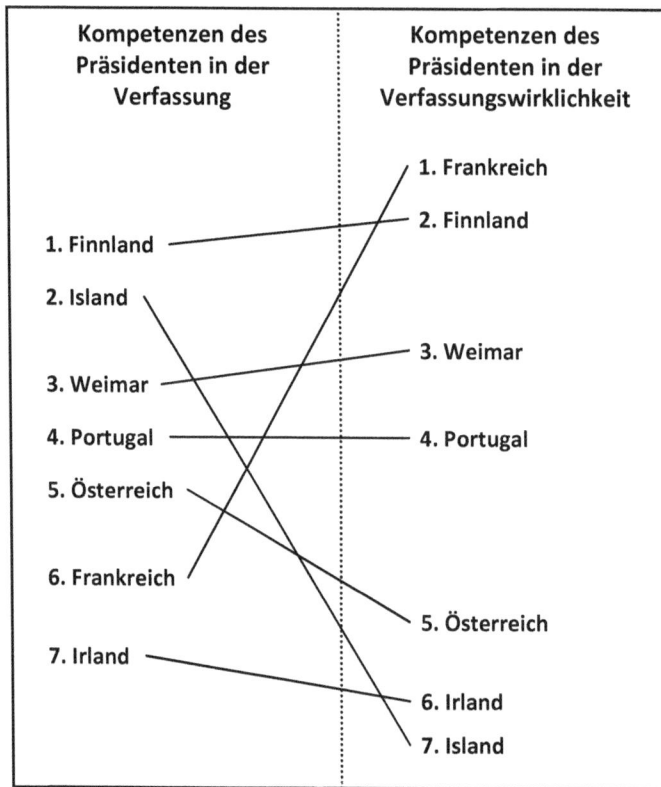

Abb. 4.11: Rangordnung der Präsidenten unterschiedlicher politischer Systeme in Verfassung und Verfassungswirklichkeit (Darstellung nach Duverger 1980, S. 179).

Wichtig wird eine solche Frage, wenn es um die Stabilität von Regierungssystemen geht. Auch hier gibt es keinen Konsens unter den Beobachtern. Manche Autoren sehen die parlamentarischen Systeme mit folgenden Argumenten im Vorteil (vgl. Riggs 1988):

- durch die plebiszitäre Machtgrundlage eine präsidentiellen oder semipräsidentiellen Präsidenten erhält dieser eine höhere Legitimität und kann störend in das sensible Institutionengefüge zwischen Parlament, Regierungschef und Parteien eingreifen;
- die „*winner-takes-all*"-Situation der Präsidentschaftswahlen führt zu einer Radikalisierung der Parteien und kann damit die Desintegration der Gesellschaft bewirken;
- ein *divided government* entsteht, wenn die Partei des Präsidenten im Parlament keine Mehrheit besitzt (Kohabitation), was zu ineffektivem Staatshandeln führen kann.

Von allen drei Argumenten kann allerdings für die USA lediglich das letzte als treffend bezeichnet werden. Dies verweist auf die Bedeutung der politischen Kultur und der historischen Entwicklung, die über die Verfassungsvorgaben hinaus für die Beantwortung der Frage nach der Stabilität zu berücksichtigen sind.

4.2.3   Ausweitung der Fälle im Zuge der Demokratisierung und Transition: Juan Linz

Die Diskussion abstrakter Kriterien zur deskriptiven Abgrenzung der beiden Systemtypen trat mit der dritten Demokratisierungswelle wieder etwas in den Hintergrund. Die praktische Frage, mit welchem Regierungssystem die Transition von kommunistischer zu demokratischer Herrschaft in den mittel-osteuropäischen Staaten und die Demokratisierung zahlreicher Staaten in Südamerika, Afrika und Asien am erfolgreichsten durchzuführen wäre, drängte sich hingegen vermehrt auf. Damit war die Diskussion wieder zur normativen Ebene, d. h. letztlich zur Frage nach dem „besten Regierungssystem" zurückgekehrt, was sie mit ihren Vorläufern im 19. Jahrhundert verband. Gleichwohl finden sich immer wieder Vorschläge, die bei Steffani oder Lijphart vorgeschlagenen Abgrenzungen der Systemtypen zu modifizieren (vgl. Stepan und Skach 1993).

Die Auseinandersetzungen gehen von der Mannigfaltigkeit demokratischer Formen aus. Demokratische Institutionen in unterschiedlichen Gesellschaften reflektieren nicht nur soziale und ökonomische Bedingungen, sondern stellen unabhängige Variablen dar; als komplexe Organisationen sind sie mehr als ein Aggregat von individuellem Verhalten:

> „they are social structures with their own autonomy and logic, affecting and constraining individual behavior and human choice. Political options and decisions are mediated by the rules and structures of the game, rules with closely related formal and informal dimension" (Linz und Valenzuela 1994, S. xii).

Dabei gibt es zahlreiche unterschiedliche Formen demokratischen Regierens, ähnliche Formen können zudem verschieden wirken. Beim Vergleich von politischen Systemen und der Analyse ihrer Unterschiede steht vor allem die Entstehung und Verantwortlichkeit exekutiver Autoritäten im Vordergrund. Das präsidentielle Regierungssystem kam dabei in die Kritik, da es in vielen Fällen als wenig stabil beschrieben wird (vgl. Riggs 1988).

In Bezug auf Lateinamerika setzte Juan Linz (geb. 1926) mit seinem 1990 erschienenen Artikel „The Perils of Presidentialism" (vgl. Linz 1990; s. a. Linz 1994) Standards. Auch Linz geht von der Beobachtung aus, dass die meisten präsidentiellen Systeme keine stabilen demokratischen Systeme sind. Die USA seien diesbezüglich ein historischer Sonderfall. Mit Blick auf Lateinamerika führt er eine Reihe von Nachteilen an, die präsidentielle Systeme zumindest für diese Weltregion als untauglich erscheinen ließen. Sie sollten nach Linz durch parlamentarische Systeme ersetzt werden. Als Schwachpunkte des präsidentiellen Regierungssystems kritisiert er die „*winner-takes-all*"-Situation, die alle anderen politischen Kräfte von der Regierung ausschließe. Die strikte Gewaltentrennung führe außerdem zu einem erhöhten Konfliktpotenzial, da es mit Präsident und Parlament zwei demokratisch legitimierte Organe gibt, von denen sich qua Verfassung keines durchsetzen könne. Schließlich stehe die starre Amtszeit des Präsidenten flexiblen Lösungen etwa in politischen Krisenzeiten entgegen, was zu handlungsunfähigen Regierungen führen könne. Parlamentarische Systeme dagegen könnten unterschiedliche politische Kräfte integrieren, indem sie nicht durch die Wahl eines einzigen Exekutivrepräsentanten alle anderen von der Regierung ausschlössen. Zudem entsteht bei ihnen keine doppelte Legitimation politischer Institutionen (Regierung und Parlament), die miteinander in unlösbare Konflikte geraten könnten. Die Abberufbarkeit der Regierung ermögliche es außerdem, schwache Regierungen zu verhindern und auf Krisen flexibel zu reagieren.

Zu Linz' Thesen entwickelte sich eine umfassende Debatte, die unterschiedliche Facetten der beiden Systemtypen beleuchtet. Unmittelbare Reaktionen zielten etwa auf eine genauere Untersuchung des Wahlsystems in präsidentiellen Systemen, das nicht notwendig zu einer *„winner-takes-all"*-Situation führen müsse, wie Horowitz mit Hinweis auf Fälle in Afrika und Asien bemerkt (vgl. Horowitz 1990). Außerdem sei zu beachten, dass auch in einer parlamentarischen Demokratie mit Mehrheitswahlrecht dem Premierminister eine starke Rolle zukommen könne, wie dies zum Teil in präsidentiellen Systemen geschehe, wo der Präsident seine Vollmachten überschreite und das Parlament dominiere. Linz bezeichnete diese Auffassung als Missverständnis: mit der *„winner-takes-all"*-These meine er gerade nicht, dass der Präsident unbedingt mächtig sein muss. Vielmehr kann er auch sehr schwach sein und – da alle anderen Akteure von der Regierung ausgeschlossen sind – gerade dadurch zu einer politischen Krise beitragen (vgl. Linz und Valenzuela 1994, S. 214). Lijphart verbindet seine Einwände gegen präsidentielle Systeme mit seinen Erkenntnissen zu Konsens- und Mehrheitsdemokratien (vgl. Lijphart 1994).[13] Seiner Auffassung nach führen präsidentielle Systeme tendenziell zu konkurrenzdemokratischen Formen der politischen Willensbildung. Dies sei aber gerade für Staaten wie in Lateinamerika gesellschaftlich stark polarisierend und schädlich. Nach Lijphart seien hier eher konsensdemokratische Verfahren angezeigt, da diese Konflikte vermeiden helfen und langfristig antagonistische – sich in ihren Interessen gegenüberstehende – Bevölkerungsteile zu integrieren vermögen. Ganz anders fällt Lipsets Reaktion auf die Linzschen Argumente aus (vgl. Lipset 1990). Seymour Lipset weist die These von den Gefahren des Präsidentialismus als zu pauschal zurück. In einem einseitigen Urteil zugunsten parlamentarischer Systeme sieht er einen alten Irrtum: der Premierminister sei in solchen Systemen besser zu kontrollieren und schwächer als in präsidentiellen Regierungssystemen. Diese Ansicht vertrat bereits Price in der Betrachtung des britischen Parlamentarismus (s. o.). Neu ist hingegen, dass Lipset den Erfolg von Regierungssystemen auch über einen „cultural factor" bestimmt. So sind Demokratien – unabhängig vom Systemtyp – in protestantischen Staaten überwiegend erfolgreich, während sie in katholischen Staaten überproportional oft scheitern. Er erwähnt auch die hohe Anzahl funktionierender Demokratien unter den ehemaligen Kolonien der britischen Krone im Vergleich zu den Kolonien der übrigen europäischen Kolonialmächte. Lipset machte mit seinen Thesen auf das komplexe Gefüge des Regierungssystems aufmerksam: alleine die Beziehungen zwischen Exekutive und Legislative und das Funktionieren des Parteiensystems sind für die Erklärung des Systemfunktionierens nicht ausreichend.

Der Zusammenbruch der Sowjetunion und die Neu- bzw. Wiedergründung von Staaten in Osteuropa bzw. deren Systemwandel in Richtung Demokratie provozierte schließlich auch Fragen nach der Rolle des Regierungssystemtyps für die demokratische Konsolidierung dieser Staaten. Einige Autoren empfahlen Mischsysteme wie den Semipräsidentialismus (vgl. Schäfer 2008).[14] Insgesamt zeigt die neuere Debatte ein gesteigertes Interesse am Funktionieren des jeweiligen Systemtyps in einem bestimmten politischen und historischen Kontext. Dabei werden immer wieder auch abstrakt Vor- und Nachteile der drei Formen diskutiert. Diese lassen sich wie folgt zusammenfassen:

---

[13] Zur Unterscheidung von Mehrheits- und Konsensusdemokratie siehe das nachfolgende Kapitel 4.3.

[14] Mit der Frage nach der richtigen Wahl des Regierungssystems bzw. einer sinnvollen Konstruktion desselben befassen sich nach 1989/90 vermehrt Ansätze des *constitutional engineering*. Siehe dazu Kapitel 4.4.

Tab. 4.3: Vor- und Nachteile von parlamentarischen, präsidentiellen und semipräsidentiellen Systemen (nach Lijphart 1994).

	Vorteile	Nachteile
Präsidentialismus	Stabilität der Exekutive, da nicht abberufbar	Stillstand zwischen Exekutive und Legislative möglich, da keine institutionelle Lösung für Blockadesituationen
	Mehr Demokratie, da Direktwahl der Exekutive	Zeitliche Inflexibilität, da Exekutive eine feste Amtszeit hat
	„*limited government*", da stärkere Gewaltenteilung zwischen Exekutive und Legislative	„*winner-takes-all*"- Situation, da nur einer die exekutive Gewalt übernimmt und Unterlegene nicht repräsentiert sind
Parlamentarismus	Stillstand zwischen Exekutive und Legislative nicht möglich, da Legislative Exekutive abberufen kann	Instabilität der Regierung, da Abberufung jederzeit möglich
	Zeitliche Flexibilität durch Abberufbarkeit der Regierung	Weniger Demokratie, da Exekutive nicht direkt gewählt wird
	Keine „*winner-takes-all*"-Situation, da Exekutive u.U. von breitem Parteienbündnis gestützt werden muss	Weniger Gewaltenteilung, da Exekutive von Legislative abhängig
Semipräsidentialismus	Beansprucht Vorteile beider Typen zu vereinen und Nachteile zu vermeiden, da sich beide Typen phasenweise ablösen: Wenn Exekutive und Legislative kooperieren, bestehen die Vorteile des Präsidentialismus; kooperieren sie nicht, wird der Stillstand aber vermieden, indem die Legislative weithin Einfluss auf die von ihr abhängige Regierung hat. Das parlamentarische Element wird aktiviert	
	Einwand: Wenn sich beide Typen phasenweise ablösen, bestehen auch die Vorteile nicht alle gleichzeitig, sondern nacheinander	

Ob es tatsächlich ein „bestes" Regierungssystem gibt, kann allerdings bezweifelt werden (vgl. Sartori 1994). Damit müsste man Montesquieu Recht geben, der davon ausging, dass jedes politische System eigene Prinzipien besitzt und eine nur auf diesen Einzelfall konzipierte Verfassung benötige (vgl. Montesquieu 1956, V, 1). Gleichwohl ist die Frage nach dem besten oder dem für bestimmte Gesellschaften und Umstände besten System auch weiterhin immer wieder virulent, so auch bei der Gegenüberstellung von Mehrheits- und Konsensusdemokratie, die im folgenden Abschnitt erörtert wird.

4.3   Mehrheits- und Konsensusdemokratie

In Mehrheitsdemokratien steht das Mehrheitsprinzip im Vordergrund. Nach pluralistischer Willensbildung im streitigen politischen Wettbewerb entscheidet hier die einfache Mehrheit, ohne durch ernsthafte institutionelle Barrieren in ihrer Entscheidungsfreiheit eingeschränkt zu sein. Konsensus- demokratien sind dagegen auf Kompromiss angelegt. Unter Einbeziehung möglichst vieler Gruppen wird ver- sucht, durch Kompromisstechniken, qualifizierte Mehr- heiten oder Proporzregelungen zu einvernehmlichen Entscheidungen zu gelangen. Die Unterscheidung von Mehrheits- und Konsensusdemokratie gehört heute – neben der im vorangegangenen Kapitel 4.2 beschriebe- nen Unterscheidung parlamentarischer und präsidentiel- ler Regierungssysteme – zu den wichtigsten Dichoto- mien in der Vergleichenden Regierungslehre. Zur Ver- breitung dieser Unterscheidungstypologie trug wesent- lich das Konzept des in den Niederlanden geborenen und lange Jahre in den USA wirkenden Politikwissenschaft- lers Arend Lijphart (geb. 1936) bei, das im Folgenden näher behandelt wird.

Abb. 4.12: Arend Lijphart.

Hintergrund

Im 20. Jahrhundert galt das mehrheitsdemokratische Westminster-Modell lange als vorbild- lich: Die Konkurrenzdemokratie nach britischem Muster war in den Augen vieler fast schon die ideale Form der Demokratie. Für Entwicklungs- und Modernisierungstheoretiker wie Gabriel Almond waren mehrheitsdemokratische politische Strukturen neben einer homoge- nen Gesellschaftsstruktur geradezu Bedingung für die Stabilität einer Demokratie. Auch in der deutschen Politikwissenschaft wurde das Westminster-Modell einer wettbewerblich or- ganisierten Demokratie mit zwei um die Mehrheit konkurrierenden Parteien vielfach als Musterbeispiel betrachtet. So erwog in den 1960er Jahren die damalige Große Koalition in der Bundesrepublik das Verhältniswahlsystem durch ein stärker mehrheitsbildendes Wahl- recht zu ersetzen. Die seit 1949 zu beobachtende langsame Herausbildung eines bipolaren Parteiensystems wäre damit weiter befördert worden. Gerhard Lehmbruch (geb. 1928), einer der Pioniere der Konsensusdemokratie, erinnert sich an die damalige Dominanz mehrheits- demokratischer Vorstellungen im politischen Diskurs:

> „Es war diese politische Diskussion, die mir 1967 den Anstoß zur Veröffentlichung einer
> vergleichenden Studie über Alternativen zum Westminstermodell gab – Alternativen, de-
> ren Funktionsweise nach meinem Eindruck in der westdeutschen Öffentlichkeit und Poli-
> tikwissenschaft nur unzureichend bekannt war und erst recht kaum verstanden wurde [...]
> Ich war damals vor allem auf die Erfahrungen der Schweiz und Österreichs aufmerksam
> geworden und schrieb darüber als ein erstes Fazit aus meinen Forschungen ein Arbeitspa-
> pier [...] Diese Studie kam in die Hände von Stein Rokkan, der damals zusammen mit drei
> anderen namhaften Komparatisten an einem großen vergleichenden Projekt über „The po-

litics of the smaller European democracies" arbeitete, nämlich Robert Dahl (Yale), Hans Daalder (Leiden) und dem Historiker Val Lorwin (Oregon), der unter anderem ein exzellenter Kenner Belgiens war. Das Interesse an den kleinen europäischen Demokratien, das diesem Forschungsvorhaben zugrunde lag, war nicht zuletzt dem Unbehagen an jenen einlinigen Entwicklungstheorien zu verdanken, die damals die Diskussion beherrschten. Auf Veranlassung von Rokkan lud mich dann Daalder ein, meine theoretischen Überlegungen 1967 auf dem Weltkongreß der International Political Science Association in Brüssel vorzutragen [...] Ich erwähne das, weil in eben dieser Arbeitsgruppe des Brüsseler Kongresses auch ein Kollege aus Berkeley auftrat, Arend Lijphart, der – vom Beispiel seines niederländischen Heimatlandes ausgehend – die Entwicklungstheorie Almonds einer ganz ähnlichen Kritik unterzog, wie ich das in meinem Beitrag tat" (Lehmbruch 2003, S. 9 ff.).

Sowohl Lehmbruch als auch Lijphart setzten so Ende der 1960er Jahre der Idee der Mehrheitsdemokratie die Idee einer Konsensusdemokratie entgegen. Lehmbruch tat dies mit seiner Veröffentlichung „Proporzdemokratie" (1967), in der er auf die konkordanz-demokratischen Politikverfahren in der Schweiz und Österreich einging. In beiden Ländern war zu beobachten, dass weniger mit Mehrheit als vielmehr mittels Verständigung und Kompromissbildung in Großen oder Allparteienkoalitionen entschieden wurde. Lijphart zog mit seiner Veröffentlichung „Politics of Accomodation" (1968) nach, in der er die Verhandlungs- und Kompromisstechniken beschrieb, mit denen sich in den Niederlanden die politische Willensbildung vollzog. Die tiefen Gräben zwischen calvinistischen, katholischen und sozialistischen Gruppen in der niederländischen Gesellschaft (man spricht hier von „Versäulung") erlaubte es nicht, Entscheidungen mit Mehrheit über bestimmte Gruppen hinweg zu fällen, sondern erforderte stets die Einbeziehung aller „Säulen".

Die Konzepte von Lehmbruch und Lijphart sind nicht identisch, gehen aber in eine ähnliche Richtung. Lehmbruch sprach von „Proporzdemokratie", später von „Verhandlungsdemokratie"; Lijphart von „consociational democracy", später von „consensus democracy". Noch heute werden Begriffe wie „Proporzdemokratie", „Verhandlungsdemokratie", „Konkordanzdemokratie", „consociational democracy" oder „consensus model of democracy" parallel verwendet und stehen mehr oder weniger synonym für „Konsensusdemokratie". Demgegenüber können Ausdrücke wie „Wettbewerbsdemokratie", „Westminster-Modell", „Konkurrenzdemokratie" oder „majoritarian model of democracy" mit dem Begriff „Mehrheitsdemokratie" identifiziert werden.

Dass Lijphart mit seiner Theorie der Konsensusdemokratie zu einem international führenden Vertreter der Vergleichenden Regierungslehre wurde, hängt nicht zuletzt damit zusammen, dass er das ab den 1960er Jahren entwickelte Konzept der Konsensusdemokratie in den 1980er und 90er Jahren um die Mehrheitsdemokratie erweiterte und beide in einer dichotomen Typologie gegenüberstellte. Erstmals geschah dies in seinem bahnbrechenden Werk „Democracies" (1984). Mit Hilfe von kategorisierenden Merkmalen unterschied er dort systematisch Mehrheits- und Konsensusdemokratien und untersuchte 21 Demokratien daraufhin, ob sie mehr dem einen oder dem anderen Typ zuzuordnen sind. 1999 entwickelte er seine Typologie in „Patterns of Democracy" fort, indem er die Zahl der untersuchten Länder auf 36 ausweitete, den Untersuchungszeitraum auf die Jahre 1945 bis 1996 ausdehnte und die Unterscheidungsmerkmale modifizierte. Dieses Werk fungiert seither als das Standardwerk zur Unterscheidung der beiden Demokratieformen.

Lijpharts Modell

Unter Demokratie im Allgemeinen versteht Lijphart im Anschluss an Abraham Lincoln die Herrschaft des Volkes (bzw. seiner Vertreter) für das Volk (bzw. gemäß den Präferenzen des Volkes). Dabei ist demokratische Herrschaft unproblematisch, wenn das Volk einig ist und gemeinsame Präferenzen hat. Was aber, so fragt Lijphart gleich zu Beginn von „Patterns of Democracy", wenn das Volk uneins ist und abweichende Präferenzen hat? Welche Präferenzen sollen dann berücksichtigt werden und welcher Teil des Volkes soll dann maßgeblich sein? Lijphart sieht zwei Lösungsmöglichkeiten:

> „One answer to this dilemma is: the majority of the people. This is the essence of the majoritarian model of democracy. The majoritarian answer is simple and straightforward and has great appeal because government by the majority and in accordance with the majority's wishes obviously comes closer to the democratic ideal of "government by and for the people" than government by and responsive to a minority.

> The alternative answer to the dilemma is: as many people as possible. This is the crux of the consensus model. It does not differ from the majoritarian model in accepting that majority rule is better than minority rule, but it accepts majority rule only as a minimum requirement: instead of being satisfied with narrow decision-making majorities, it seeks to maximize the size of these majorities. Its rules and institutions aim at broad participation in government and broad agreement on the policies that the government should pursue. The majoritarian model concentrates political power in the hands of a bare majority [...] whereas the consensus model tries to share, disperse, and limit power in a variety of ways. A closely related difference is that the majoritarian model of democracy is exclusive, competitive, and adversarial, whereas the consensus model is characterized by inclusiveness, bargaining, and compromise [...]." (Lijphart 1999, S. 2)

Damit umschrieb Lijphart die für ihn wesentlichen Charakteristika von Mehrheits- und Konsensusdemokratien: Die Mehrheitsdemokratie setzt auf die einfache Geltung der Mehrheitsregel, ist insoweit exklusiv gegenüber Minderheiten und konzentriert die Macht auf die Mehrheit. Die Konsensusdemokratie präferiert dagegen Verhandlung und Kompromissfindung unter Einbindung möglichst vieler und bedeutet insofern Inklusion, Machtteilung und Machtbegrenzung.

Näher bestimmt Lijphart beide Demokratieformen in der Beschreibung politischer Systeme, die als typisch mehrheitsdemokratisch bzw. typisch konsensusdemokratisch gelten können. Er zieht dazu einerseits Großbritannien, Neuseeland und Barbados heran sowie andererseits die Schweiz, Belgien und die Europäische Union. Am Beispiel dieser politischen Systeme entwickelt er zehn spiegelbildliche Unterscheidungsmerkmale, mit denen generell Mehrheits- und Konsensusdemokratien unterschieden werden können (siehe Tabelle 4.4).

Insgesamt zielen die Merkmale auf Seiten der Mehrheitsdemokratie auf Machtkonzentration und die der Konsensusdemokratie auf Machtverteilung (Dispersion). Idealtypisch gilt, dass in einer Mehrheitsdemokratie Mehrheitswahlrecht und Zweiparteiensystem zu einer aus nur einer Partei gebildeten Exekutive führen, die mit ihrer Mehrheit jedes Gesetz – auch die Verfassung – ändern kann, ohne auf andere Institutionen, etwa eine Zweite Kammer, eine unabhängige Zentralbank, institutionell verankerte Interessenvertretungen oder ein Verfassungsgericht, Rücksicht nehmen zu müssen. In Konsensusdemokratien existieren diese gewaltenhemmenden Institutionen. Das dort zu findende Verhältniswahlrecht führt ferner zu einem Parteiensystem mit mehreren Parteien, die sich zu Koalitionen zusammenschließen müssen, um eine Regierung bilden zu können. Außerdem ist die zentralstaatliche Macht – im Gegensatz zur Mehrheitsdemokratie – durch vertikale Gewaltenteilung, d. h. durch eine zweite, föderale Ebene beschränkt.

Tab. 4.4: Lijpharts Unterscheidungsmerkmale.

Mehrheitsdemokratie	Konsensusdemokratie
Exekutive-Parteien-Dimension	
1. Konzentration der Exekutivmacht auf eine Mehrheitspartei	1. Aufteilung der Exekutivmacht auf Koalitionsparteien
2. Dominanz der Exekutive gegenüber der Legislative	2. Gleichgewicht zwischen Exekutive und Legislative
3. Zweiparteiensystem	3. Vielparteiensystem
4. Mehrheitswahlrecht	4. Verhältniswahlrecht
5. Pluralistische Interessenvertretung	5. Korporatistische Interessenvertretung
Föderalismus-Unitarismus-Dimension	
6. Unitarischer, zentralisierter Staatsaufbau	6. Föderaler, dezentralisierter Staatsaufbau
7. Einkammersystem	7. Zweikammersystem
8. Relativ leicht veränderbare Verfassung	8. Schwer veränderbare Verfassung
9. Letztentscheidungsrecht über Gesetze beim Parlament	9. Letztentscheidungsrecht über Gesetze beim Verfassungsgericht
10. Abhängige Zentralbank	10. Unabhängige Zentralbank

Die ersten fünf Merkmale beziehen sich auf den Bereich von Regierung und Parteien („Exekutive-Parteien-Dimension"), während die zweiten fünf Merkmale von der Frage Bundesstaat oder Einheitsstaat ausgehen („Föderalismus-Unitarismus-Dimension"). Die Auswahl der Merkmale kann dabei durchaus hinterfragt werden. So passt das Merkmal der pluralistischen oder korporatistischen Interessenvertretung für Kailitz „nicht so recht zu den anderen Kriterien der Exekutive-Parteien-Dimension" (Kailitz 2007, S. 238). Für Schmidt hat das Merkmal der Unabhängigkeit oder Abhängigkeit der Zentralbank von der Regierung wenig mit der Frage Föderalismus versus Unitarismus zu tun (vgl. Schmidt 2008, S. 330). Auch für Lijphart selbst scheinen die Merkmale – immerhin hat er sie in „Patterns of Democracy" (1999) gegenüber den „Democracies" (1984) verändert und zwei neue Variablen hinzugefügt – nicht in Stein gemeißelt zu sein.

Lijphart belässt es nicht bei der abstrakten Benennung der Merkmale. Um sie auf die konkreten, von ihm untersuchten Länder anwenden zu können, werden sie operationalisiert, d. h. mit Hilfe von Indikatoren messbar gemacht. Um beispielsweise bestimmen zu können, ob in einem Land die Exekutivmacht konzentriert oder aufgeteilt ist (erstes Merkmal), misst er, wie häufig dort im Untersuchungszeitraum 1945 bis 1996 Einparteienregierungen und kleinstmögliche Koalitionen (*minimal-winning cabinetts*) regiert haben. Zur Bestimmung – um ein weiteres Beispiel zu nennen –, ob in einem Land die Verfassung eher leicht oder schwer zu ändern ist (achtes Merkmal), unterscheidet Lijphart auf einer 4er-Skala (1) Verfassungen, die mit einfacher Mehrheit geändert werden können, (2) Verfassungen, die für eine Änderung mehr als eine einfache Mehrheit, aber weniger als eine Zweidrittelmehrheit vorschreiben, (3) Verfassungen, die mit Zweidrittelmehrheit geändert werden können und (4) Verfassungen, die zu ihrer Änderung höhere Anforderungen als eine Zweidrittelmehrheit stellen. Neben diesen selbst entwickelten Indikatoren greift Lijphart bei einigen Merkmalen, etwa beim Parteiensystem (drittes Merkmal) oder beim Wahlsystem (viertes Merkmal), auf etablierte Indizes anderer Forscherinnen und Forscher zurück. Wie bei der Auswahl der Merkmale, so ist auch bei deren Operationalisierung das methodische Vorgehen Lijpharts – etwa hinsichtlich der Transparenz – vorbildlich, selbst wenn einzelne Punkte kritikwürdig sind. So hat insbesondere die Operationalisierung des zweiten Merkmals (Dominanz der Exekutive versus Gleichgewicht von Exekutive und Legislative) Widerspruch ausgelöst. Inwieweit die Exekutive dominiert, wird nämlich mit der durchschnittlichen Amtsdauer der Regierungen eines Landes im Untersuchungszeitraum in Monaten gemessen; das heißt je länger Regierungen üblicherweise im Amt sind, desto dominanter erscheint die Exekutive. Eine solche Messung finden Abromeit und Stoiber problematisch, weil in präsidentiellen Systemen die Amtsdauer der Regierung weniger von ihrer Dominanz abhängt, sondern verfassungsrechtlich vorgegeben ist (vgl. Abromeit, Stoiber 2006, S. 48).

Die operationalisierten, d. h. messbar gemachten Merkmale erlauben es Lijphart, jedes der 36 untersuchten Länder zu berechnen, wie mehrheits- oder konsensusdemokratische es ist. Dabei trennt er zwischen den beiden erwähnten Dimensionen.[15] Er ermittelt für jedes Land den standardisierten Durchschnittswert der fünf Indikatoren der Exekutive-Parteien-Dimension sowie der fünf Indikatoren der Föderalismus-Unitarismus-Dimension. Für jedes Land erhält er somit zwei Faktoren, die er in ein Koordinatensystem überträgt (siehe Abbildung 4.13).

Hier gilt vereinfacht gesprochen: je weiter unten ein Land rangiert, desto föderaler ist es (auf der Föderalismus-Unitarismus-Dimension) und je weiter links es zu verorten ist, desto konsensusdemokratischer (auf der Parteien-Exekutive-Dimension) ist es. So ist das politische System Großbritanniens beispielsweise sehr unitarisch und mehrheitsdemokratisch, wohingegen das der Schweiz stark föderale und konsensusdemokratische Werte erzielt. Es gibt aber auch Länder, die zwar auf der Parteien-Exekutive-Dimension eher mehrheitsdemokratisch abschneiden, aber zugleich auf der Föderalismus-Unitarismus-Dimension sehr föderal sind, so die USA. Den umgekehrten Fall repräsentiert Israel, das zwar eine Konsensusdemokratie im Sinne der Parteien-Exekutive-Dimension ist, aber zugleich ein Einheitsstaat mit Blick auf die Föderalismus-Unitarismus-Dimension. Es gibt also im Grunde, entsprechend den vier Feldern der Matrix, vier Demokratietypen:

1. unitarische Mehrheitsdemokratien (z. B. Großbritannien)
2. föderale Mehrheitsdemokratien (z. B. USA)
3. föderale Konsensusdemokratien (z. B. Schweiz)
4. unitarische Konsensusdemokratien (z. B. Israel)

---

[15] Lijphart kann nachweisen, dass es zwar zwischen den jeweils fünf Indikatoren einer Dimension signifikante Korrelationen gibt, nicht aber zwischen den Indikatoren verschiedener Dimensionen (Lijphart 1999, S. 244). Die Dimensionen variieren also unabhängig voneinander. Daher ist es folgerichtig, dass Lijphart nicht aus allen zehn Indikatoren einen Wert bildet und die Länder auf einem eindimensionalen Kontinuum mit den Polen Mehrheits- und Konsensusdemokratie abbildet, sondern je Dimension einen eigenen Faktor ermittelt und die Länder auf einem zweidimensionalen Koordinatensystem (*two-dimensional conceptual map*) einträgt.

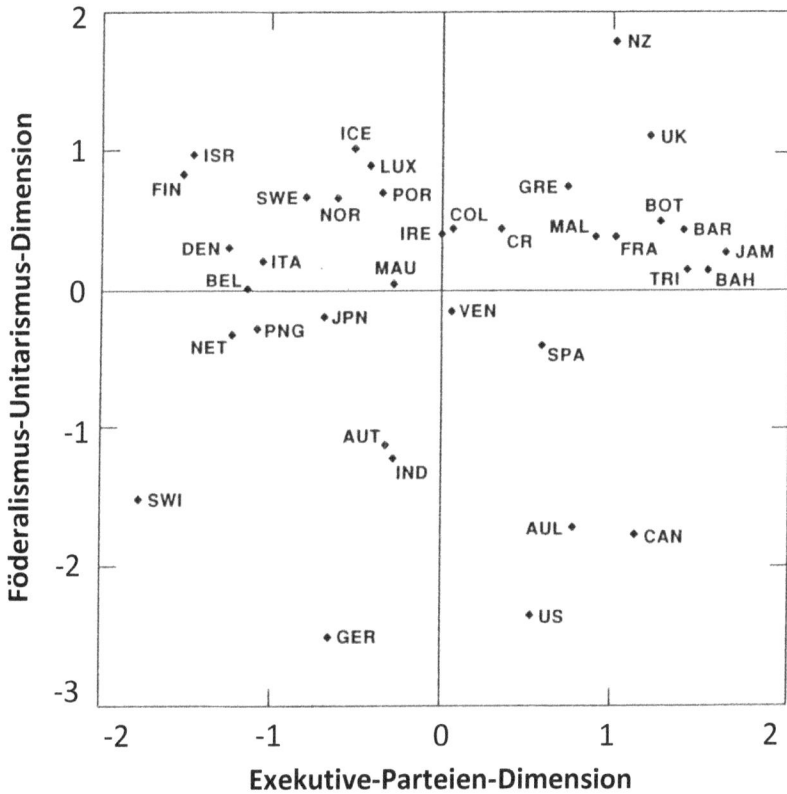

Abb. 4.13: Lijpharts „Two-dimensional conceptual map of democracy" (Darstellung nach Lijphart 1999, S. 248).

In einem weiteren Schritt unterteilt Lijphart seinen Untersuchungszeitraum in zwei Phasen. Um festzustellen, inwieweit sich die Position der Länder im Laufe der Zeit auf der Matrix – das heißt ihr Charakter als Mehrheits- oder Konsensusdemokratie – verändert, misst Lijphart die Werte der Länder zum einen für den Zeitraum 1945 bis 1970 und zum zweiten für die Jahre 1971 bis 1996. Dabei kann er feststellen, dass sich die politischen Systeme nur gering verändern. In ihrer Grundausrichtung sind sie sehr stabil (vgl. Lijphart 1999, S. 253 ff.).

Anders als in „Democracies" (1984) verfolgt Lijphart in „Patterns of Democracy" (1999) neben dem Bemühen um Kategorisierung und Zuordnung auch ein Erkenntnisinteresse hinsichtlich der Performanz von Mehrheits- und Konsensusdemokratie. Er fragt, welcher Demokratietyp leistungsfähiger ist. Dazu misst er, inwieweit Mehrheits- und Konsensusdemokratien mit bestimmten Indizes der Demokratiequalität, der wirtschaftlichen Leistungsfähigkeit, der Qualität des Sozialstaates und des Umweltschutzes usw. kovariieren. Dabei kommt er in vielen Bereichen zu positiven Ergebnissen für die Konsensusdemokratie. So herrscht nach Lijpharts Messung in Konsensusdemokratien ein höheres Maß an Demokratiequalität (im Sinne von Wahlbeteiligung, Demokratiezufriedenheit etc.). Auch im Bereich der Sozialstaatlichkeit schneidet die Konsensusdemokratie nicht schlechter als die Mehrheitsdemokratie ab (vgl. Lijphart 1999, S. 275 ff.). Manfred G. Schmidt gibt zu bedenken, dass die Messungen dadurch beeinträchtigt würden, dass es Lijphart bei den 36 untersuchten Ländern mit sehr reichen, aber auch ärmeren Ländern zu tun hat und dass die meisten ärmeren Demokratien Mehrheitsdemokratien seien. „Weil ärmere Länder aber meist ein geringeres politisches Leistungsprofil als reichere Staaten haben, schlägt ihr niedrigerer Stand wirtschaftlicher Entwicklung zum Nachteil der Mehrheitsdemokratie zu Buche" (Schmidt 2008, S. 328). Auch Kailitz ist gegenüber der vermeintlich größeren Leistungsfähigkeit von Konsensusdemokratien skeptisch. Er hält die festgestellten Korrelationen zwischen Demokratieform und Leistungsbilanz für häufig nicht signifikant und wundert sich über den „Eifer, mit dem Lijphart die Konsensusdemokratie anpreist" (Kailitz 2007, S. 239). In der Tat scheint Lijphart der Konsensusdemokratie, die er als „kinder" und „gentler" bezeichnet (Lijphart 1999, S. 275), sehr verbunden zu sein. Hier ist noch das normative Bemühen aus den 1960er Jahren zu spüren, mit der Mär aufzuräumen, die Mehrheitsdemokratie á la Westminster sei per se die bessere Demokratieform. Dieses Vorurteil zu korrigieren, ist ihn jedenfalls gelungen. Lijphart kann zeigen, dass auch Konsensusdemokratien stabile und leistungsfähige Demokratien sein können. Vielfach wird heute anerkannt, dass konsensusdemokratische Strukturen zumindest für fragmentierte, durch sprachliche, ethnische, religiöse oder ideologische *cleavages* gespaltene Gesellschaften besser geeignet sind, Mehrheitsdemokratien jedenfalls nicht a priori die bessere Form der Demokratie darstellen.

Weiterentwicklungen

Trotz Kritik im Detail wird Lijpharts Werk im Ganzen zu Recht hoch eingeschätzt. Seine systematische Unterscheidung von Mehrheits- und Konsensusdemokratien nennen Abromeit und Stoiber „die ausgereifteste" (Abromeit, Stoiber 2006, S. 36) und „wohl einflussreichste neuere Typologie von Regierungssystemen" (Abromeit, Stoiber 2006, S. 47). Sein Modell hat zahlreiche Reaktionen hervorgerufen und viele Forscherinnen und Forscher zu Nachfolgestudien angeregt. Drei interessante Beispiele seien hier kurz umrissen:

Markus Freitag und Adrian Vatter haben 2008 eine Untersuchung zu den deutschen Bundesländern herausgegeben, welche die einzelnen Länder zwischen Mehrheits- und Konsensusdemokratie verortet. Dafür mussten sie Lijpharts Merkmale in einigen Punkten aufgrund der besonderen Umstände von Gliedstaaten anpassen. Am Ende führt die Studie zu einem ähnlichen Koordinatensystem wie das oben gezeigte von Lijphart, bei dem beispielsweise Bayern eine durchaus andere Position einnimmt als etwa Baden-Württemberg (vgl. Freitag et al. 2008).

Wie bereits erwähnt hält Manfred G. Schmidt die Indikatoren der Lijphartschen Föderalismus-Unitarismus-Dimension – insbesondere die (Un-)Abhängigkeit der Zentralbank – für nur bedingt brauchbar, um die Frage von Bundesstaat oder Einheitsstaat zu untersuchen. Stattdessen hält er sie – zusammen mit anderen Indizes – für geeignet, die „Fesselung" von Exekutive und Legislative durch gewaltenteilende und gewaltenhemmende Institutionen zu bestimmen. Mit ihrer Hilfe könne man die „Mäßigung der Demokratie" feststellen. Schmidt gelangt so, in Fortentwicklung von Lijpharts Indikatoren und eine alte Idee der Demokratietheorie aufgreifend, zu einer Messung „gemäßigter Demokratien". Besonders gemäßigt im Sinne einer engen Zügelung von Exekutive und Legislative sind Schmidt zufolge die Demokratien in den USA, der Schweiz und Deutschland (vgl. Schmidt 2008, S. 330 f.).

André Kaiser präsentiert im Rahmen seiner Habilitationsschrift „Mehrheitsdemokratie und Institutionenreform" (2002) in kritischer Auseinandersetzung mit Lijphart ein Konzept der

Entscheidungspunkte. Dabei unterscheidet er Einflusspunkte (das sind Akteure, die in der politischen Arena die Möglichkeit zur Beratung und Stellungnahme haben), Vetopunkte (das sind Akteure, die ein Politikergebnis begrüßen, modifizieren oder auch blockieren können) und Entscheidungspunkte im engeren Sinn (das sind Akteure, die autonom Entscheidungsmacht ausüben). Kaiser geht von einem Kontinuum aus, an dessen einen Pol Demokratien mit einem Minimum an Entscheidungspunkten stehen und an dessen anderem Pol Demokratien mit einem Maximum an Entscheidungspunkten. Bei einem Minimum an Entscheidungspunkten liegt eine Mehrheitsdemokratie vor, bei einem Maximum eine Konsensus- oder, wie Kaiser sagt, Verhandlungsdemokratie (vgl. Kaiser 2002, S. 92 ff.). Je mehr Vetospieler vorhanden sind, desto konsensusdemokratischer ist ein politisches System.

Das letzte Beispiel zeigt, wie nahe das Konzept von Mehrheits- und Konsensusdemokratie bereits dem Vetospieler-Ansatz kommt, der im fünften Kapitel dieses Bandes besprochen wird (siehe Kapitel 5.4). Man kann vereinfacht sagen, je mehr Vetospieler vorhanden, desto konsensusdemokratischer ist ein politisches System. Die Typologie von Lijphart geht noch stark von institutionell geprägten Merkmalen aus, berücksichtigt werden aber auch Elemente des Politikprozesses (vgl. Abromeit, Stoiber 2006, S. 47). Neben der Polity-Dimension erhält die Politics-Dimension einen größeren Stellenwert.

4.4 Moderne Verfassungsgebung: Constitutional engineering

Ähnlich wie die Fragen nach den Möglichkeiten und Grenzen des Regierungssystems drang auch der Verfassungsvergleich mit dem Zusammenbruch der sozialistischen Regierungen Mittel- und Osteuropas zu Beginn der 1990er Jahre wieder verstärkt in den Fokus der Vergleichenden Regierungslehre – ging es doch darum, in kurzer Zeit Verfassungen für die Transitionsstaaten zu „kreieren", die Staat und Gesellschaft, Institutionen, Recht und Verwaltung mit demokratischen Grundprinzipien und Strukturen ausstatteten. Obgleich sich in den westlichen Demokratien die sehr unterschiedlichen Verfassungssysteme in langen Entwicklungslinien (so die ungeschriebene Verfassung Großbritanniens), aus konkreten historischen Situationen (wie das Grundgesetz der Bundesrepublik Deutschland) oder nach Reformmaßnahmen (etwa Frankreichs V. Republik) herausgebildet haben, lag es nahe, aus den bestehenden Verfassungen heraus Vorzüge und Nachteile für die Übernahme in die Transitionssysteme zu diskutieren. Die Prüfung und teilweise Übernahme von Modell-Verfassungen hatte den Vorzug, „das Problem der Gleichzeitigkeit des Systemwechsels" (Beyme 1994, S. 80) in Wirtschaft *und* Politik durch eine schnelle und den Vorstellungen der Reformeliten entsprechende Verfassungsgebung abzumildern. Zudem wurden Überlegungen angestellt, wie sich die zu wählende Verfassung auf die weitere Systemtransformation auswirken würde. Es stellte sich die Frage, ob z. B. ein starker Präsident, eine doppelköpfige Exekutive oder ein einflussreiches Parlament die Gesetzgebung maßgeblich beeinflussen sollte, ob eine Zweite Kammer als föderale Vertretung oder als die alten Eliten repräsentierende Institution zu konzipieren sei und ob eine Verfassungsgerichtsbarkeit wünschenswert sei.

Mit dem Ansatz des *constitutional engineering* verbinden sich Theorien, die den Verfassungsgebungsprozess einem „Verfassungsingenieur" zuschreiben, der im Rahmen eines *constitution making* wünschenswerte Verfassungselemente zusammenstellt – letztlich um Staat und Gesellschaft auf eine bestimmte Weise zu lenken. Eine solche Konstruktion der

Verfassung durch einen die Modellverfassungen kennenden rationalen „Verfassungsarchitekten" ermöglicht es, die aus der wissenschaftlichen und praktischen Erfahrung gewonnenen Erkenntnisse in planbare politische Resultate und damit optimale Lösungen umzusetzen. Unberücksichtigt bleibt die Erkenntnis, dass Verfassungen und Verfassungsreformen historischen, kulturellen und sozialen Bedingungen folgen. Verneint wird dabei z. B. das aus dem Konzept der Pfadabhängigkeit (siehe Kapitel 4.1) gewonnene Wissen, dass einmal eingeschlagene Pfade in politischen Systemen nur mit sehr hohen Kosten wieder verlassen werden können (vgl. Gebauer 2004, S. 26).

Ein weitreichender und bis heute vieldiskutierter Ansatz zum *constitution making* kam vom italienischen Politikwissenschaftler Giovanni Sartori (geb. 1924). Er veröffentliche 1994 eine Analyse mit dem Titel „Comparative Constitutional Engineering. An Inquiry into Structures, Incentives and Outcomes". Im Gegensatz zu normativen Verfassungstheorien und Verfassungsvergleichen, in denen Werte, Grundrechte oder die Legitimität von Herrschaft als wichtige Elemente einer Grundordnung diskutiert werden, definiert Sartori einen engen Verfassungsbegriff. Er reduziert Verfassungen auf deren Regelungs- und Steuerungsfunktionen:

> „Constitutions are ‚forms' that structure and discipline the state's decision making processes. Constitutions establish how norms are to be created; they do not, and should not, decide what is to be established by the norms. That is to say that constitutions are, first and above all, procedures intend upon ensuring a controlled exercise of power. Therefore and conversely, constitutions are, and must be, content-neutral" (Sartori 1994, S. 202).

Nicht zuletzt aus dieser Beschränkung auf formal-deskriptive Kriterien gewinnt der Verfassungsingenieur Sartori die Möglichkeit, die Vergleichende Regierungslehre und den Verfassungsvergleich als Konstruktionsbasis für neue stabile Verfassungen zu nutzen. Seine Analyse gilt den Wahlsystemen, den Parteien und den Regierungssystemen. Ausgehend von Wahlen und ihren Wirkungen auf Parteiensysteme präferiert er die absolute Mehrheitswahl. Sie gilt in der Wahl- und Parteienforschung als ein wesentlicher – wenn auch nicht einziger – Faktor zur Herausbildung eines stabilen Zweiparteiensystems, das wiederum nach Wahlen klare Mehrheitsverhältnisse, schnelle Regierungsbildungsprozesse und die Durchsetzung von Reformen ermöglicht. Im Vergleich der Regierungssystemtypen verwirft Sartori das präsidentielle Regierungssystem ebenso wie das parlamentarische und schlägt stattdessen den Typus des semipräsidentiellen Regierungssystems vor, der sich an der Verfassung der V. Französischen Republik orientiert. Das semipräsidentielle Regierungssystem, das als Systemtypus in der Vergleichenden Regierungslehre nicht unumstritten ist (vgl. die Kontroverse von Winfried Steffani und Maurice Duverger, siehe Kapitel 4.2) zeichnet sich aus durch eine doppelköpfige Exekutive und ein eher schwaches Parlament, das in seiner legislativen Funktion weitgehend von der Exekutive beeinflusst wird. Ein mit großer Machtfülle und weitreichenden Kompetenzen ausgestatteter Staatspräsident regiert mit einem an ihn gebundenen und zugleich vom Parlament abhängigen Premierminister. Unter rein funktionalen Gesichtspunkten erscheint Sartori das semipräsidentielle Modell am besten dazu geeignet, neuen Verfassungen ein rationales und effizientes Regierungssystem zu garantieren:

> „Presidentialism and parliamentarism are single-engine mechanisms. In the first system the engine is the president, in the second the engine is parliament. And far more often than not the presidential engine falters in its downward parliamentary crossings, while the parliamentary engine disarrays, in its upward ascent, the governing function. Semipresidentialism is, instead, a double-engine system. However, since its two engines operate simultaneously, what if they start pulling in opposite directions and work against one

another? While the French system is able to handle divided government, still the risk of having two counter-pulling engines cannot be ruled out. The foregoing considerations prompt me to seek a twin-motor system whose engines are not simultaneous but ignited in succession: the system that can either be called *alternating presidentialism*, or *intermittent presidentialism*" (Sartori 1994, S. 153).

Kritiker wie Wolfgang Merkel, Rainer-Olaf Schultze u. a. werfen Sartori nicht zu Unrecht eine wenig reflektierte Methode vor, die ihn zu theoretisch, historisch und empirisch nicht haltbaren Ergebnissen führe. Seine konfuse Eloge auf den Semipräsidentialismus – so Merkel – entbehre jeder theoretischen wie empirischen Grundlage (vgl. Merkel et al. 1996, S. 6; Schultze 1997, S. 507). Er befinde sich damit im Widerspruch zu den wichtigsten Vertretern der Vergleichenden Politikwissenschaft (vgl. Schultze 1997, S. 503).

Gleichwohl hat der Ansatz des *constitutional engineering* und des *constitution making* eine Debatte neu eröffnet, die die Frage nach dem Stellenwert des Verfassungsvergleiches in der Vergleichenden Regierungslehre neu diskutiert. Sie lenkt den Blick auf die Verfassungsreformpolitik und die Frage, wie Verfassungen sich verändern, ob bzw. wie sie reformierbar sind, ob die Ergebnisse absehbar, die institutionellen Veränderungen planbar sind und welchen Beitrag die Politikwissenschaft dazu leisten kann. Eine Ausweitung von Sartoris engem, funktionalem Verfassungsbegriff auf gesellschaftliche Konsensbildung, Menschenrechtsnormierung und Staatszielformulierung hin und die Erweiterung seines Ansatzes in die historischen Kontexte und die sozio-kulturellen Bedingungen hinein gäbe den Verfassungskonstrukteuren weiten Spielraum. Verfassungsgebungen und Verfassungsreformprozesse könnten auf das theoretische, analytische und empirische Wissen der Vergleichenden Regierungslehre und damit auf „Verfassungskonstrukteure" zugreifen, die von einem Erfahrungsschatz profitieren, der bis in den aristotelischen Verfassungsvergleich zurückgeht (zur Verfassungslehre Aristoteles´ siehe Kapitel 3.2.3).

Allen Ansätzen zur genaueren Beschreibung und Klassifizierung von Regierungssystemen ist die Idee gemein, wonach institutionelle Strukturen zu einer bestimmen Funktionslogik führen: Parlamentarische Systeme ergeben eine Gegenüberstellung von Regierungsmehrheit und Opposition und damit auch eine funktionale Gewaltenteilung zwischen beiden Institutionen. Die Rolle der Opposition lautet hier Kritik, Kontrolle und Alternative. In parlamentarischen Systemen findet entsprechend eine Interorgan-Kontrolle statt. Dahingegen führen präsidentielle Regierungssysteme zur Gegenüberstellung von Parlament und Regierung. Es kommt zu einer institutionellen Gewaltenteilung. Idealtypisch sind hier die Kammern für die Gesetzgebung zuständig, die Regierung für die Ausführung. In präsidentiellen Systemen findet entsprechend eine Interorgan-Kontrolle statt. Neben diesen „reinen" Regierungssystemtypen erscheint der Semipräsidentialismus als Mischsystem und als System alternierender Modi. Insgesamt tendieren alle Systeme entweder stärker zum Präsidentialismus oder zum Parlamentarismus: „We have found very few examples of democracies that are simultaneously parliamentary and presidential or that, either simultaneously or at anyone time fit categories [...] other than the pure or mainly parliamentary and presidential types" (Lijphart 2004a, S. 10). Die Diskussion jedenfalls über die Vorzüge und Nachteile des jeweiligen Systemtypus erbrachte keinen eindeutigen Gewinner. Was ist also für den Verfassungsingenieur zu tun? Welche Regelungen soll er für ein Land wählen? Wie kann er die entscheidenden ordnungspolitischen Fragen lösen? Wie entsteht ein weltanschaulich neutraler und demokratischer Staat, welcher der Gesellschaft ein friedliches Miteinander ermöglicht? Das Problem wird sein, dass der Verfassungsingenieur nie ohne bereits vorzufindende Elemente an die Arbeit gehen kann. Die Wahlfreiheit und den konstruktivistischen Willen schränken ein: vorhandene Traditionen, die Interessenpolitik von Gruppen, die Beharrungskräfte des Alten sowie der aktuelle Kontext. Damit ist jeder Verfassungsgebungsprozess historisch bedingt – eine *tabula rasa* wird nicht vorgefunden.

Diese Aussicht sollte aber nicht überbewertet werden: Die Vorteile institutioneller Ansätze in der Vergleichenden Regierungslehre sind *erstens* in der Möglichkeit zu sehen, politische Systeme in ihrer historischen Einmaligkeit und mit ihren Eigenheiten zu erfassen. Hierbei kommt es oft zu Thesen der Pfadabhängigkeit. Auf dieser Grundlage folgt der Anstoß zu normativer Diskussionen *zweitens* fast zwangsläufig. Schließlich konnte *drittens* das Wissen um die Funktionsweisen verschiedener (demokratischer) Regierungssysteme kumulativ – also sammelnd – aufgebaut werden. Einige Erkenntnisse sind heute durch die vergleichenden Arbeiten wissenschaftlich gut belegt, wie beispielsweise der Nutzen gewaltenteiliger Mechanismen für die Verhinderung von totalitären oder autoritären Regimen. Auch ist die Aktualität der Diskussion bemerkenswert: Sie zeigt sich in ihrer Weiterentwicklung im Rahmen der Mehrebenenanalyse, wie sie beispielsweise mit der Europäischen Union notwendig ist (siehe hierzu Kapitel 5.5).

5 Das Erbe des systemtheoretischen und ökonomischen Denkens

In diesem Kapitel geht es um die handlungstheoretische, politisch-evolutive Tradition der Vergleichenden Regierungslehre. Sie zeigt sich in den systemtheoretischen sowie politisch-ökonomischen Ansätzen und deren Nutzung für die vergleichende Politikwissenschaft. Ziel dieses Kapitels ist es,

1) das Verständnis für die Kritik am Institutionalismus zu wecken,
2) die Grundlagen systemtheoretischer Analysen zu vermitteln,
3) die Fundamente des politisch-ökonomischen Denkens nachzuvollziehen sowie
4) die Vetospieler-Theorie als wichtiges Beispiel eines Ansatzes aus dem Bereich des Rational Choice-Denkens zu erläutern.

5.1 Kritik am Institutionalismus

Gegenüber den formal-institutionellen Ansätzen der verfassungsrechtlichen Tradition entwickelte sich ab den 1950er Jahren Kritik. Insbesondere drei Vorwürfe vertraten die Anhänger eines neuen, eher auf Entwicklung (Evolution) ausgerichteten Zugangs zur Politikwissenschaft: Erstens wurde bemängelt, dass die Ansätze des Institutionalismus mit ihrer Konzentration auf das Verfassungsrecht rein formalistisch argumentierten (Formalismusvorwurf). Zweitens kritisierten die Erneuerer den kaum versteckten Glauben an den Fortschritt in den Arbeiten der Institutionalisten: der Verfassungsstaat sollte langfristig zu demokratischen Regierungsformen führen, ähnlich wie die geschichtsmächtige Kraft des Konstitutionalismus als erstes in England – paradoxerweise ohne geschriebene Verfassung – diesen Weg vorgab (Optimismusvorwurf). Drittens wurde der enge Fokus der institutionalistisch geprägten Arbeiten kritisiert: diese behandelten überwiegend westlich geprägte politische Systeme (Eurozentrismusvorwurf).

Formalismusvorwurf

Der Formalismusvorwurf war nicht unbegründet, denn der sogenannte alte Institutionalismus kümmerte sich vornehmlich um die rechtliche Basis der politischen Systeme und war von einem mechanistischen Herstellungsdenken geprägt. Dieses zeigte sich in der Idee, wonach ganze Gesellschaften mit Hilfe formaler Strukturen des Rechts (insbesondere der Verfassung) in eine gewünschte Richtung gesteuert werden könnten. Dabei wurde den Buchstaben der Verfassung vielfach mehr Beachtung geschenkt als der Verfassungspraxis. Hinzu kam eine Vernachlässigung anderer Institutionen, wie der Parteien. Als neue und wichtige Kräfte der Gesellschaft fanden diese oftmals keine Berücksichtigung, im klassischen Konstitutionalismus lässt sich sogar eine gewisse Parteienfeindlichkeit beobachten: Bis weit in das 20. Jahrhundert hinein standen die Parteien im Verdacht, mit ihrem Gezänk die Gesellschaft als Gemeinschaft[16] zu sabotieren, denn in ihnen manifestierten sich die Interessengegensätze. Weitere Kritikpunkte waren die Vernachlässigung gesellschaftlicher Elemente und der politischen Kultur. Das formale Erkenntnisinteresse besaß zudem oft keine Verbindung zu theoretischen Fragestellungen. Manche Kritiker sahen im Institutionalismus deshalb nicht ganz zu Unrecht eine rein deskriptive und normative Institutionenlehre.

Immer aber gab es auch Arbeiten, die diesem Bild nicht entsprachen: Auf die Bedeutung der soziologischen Bereiche für die Erklärung politischer Systeme wiesen bereits Montesquieu (vgl. Montesquieu 1956) und in der Nachfolge Lawrence A. Lowell (vgl. Lowell 1896) sowie James Bryce (Bryce 1923) hin. Bereits Ende des 19. Jahrhunderts kam es auch zu ersten Versuchen, die Parteien besser zu verstehen (vgl. Michels 1957; Ostrogorski 1979), wobei auch rechtswissenschaftliche Arbeiten die Parteienvariable nicht unterschlugen (vgl. Scheuner 1927). Oft allerdings führten diese Arbeiten zu mechanistisch anmutenden „ehernen" Gesetzen, die ganze Institutionen *einer* Funktionslogik unterwarfen, wie die These Michels von der Oligarchisierung parteipolitischer Organisationen.

Optimismusvorwurf

Der Optimismusvorwurf betraf vor allem den Glauben an den Fortschritt der demokratischen Regierungsform. Dieser wurde durch die Terraingewinne der Demokratien im Zuge der Kriegsniederlage der alten zentraleuropäischen Monarchien im Ersten Weltkrieg zwar noch einmal verstärkt. Der Aufbau des Kommunismus in der Sowjetunion und die Übernahme der Macht faschistischer Kräfte in Italien, Spanien und Österreich konterkarierten diese zweite Demokratisierungswelle allerdings ebenso wie das Scheitern der Weimarer Republik 1933 durch die Machtübernahme Hitlers. Auch nach dem Zweiten Weltkrieg, aus dem das sowjetische System als Sieger hervorging, kam es zu keiner weiteren Verbreitung der Demokratie. Vielmehr entstanden im Zuge der Westexpansion der UdSSR und der Unabhängigkeitsbewegungen in der sogenannten Dritten Welt neue Diktaturen. Auch in vielen Ländern, welche sich in den 1950er und 1960er Jahren des Kolonialismus entledigten, lagen die Prioritäten auf der wirtschaftlichen Entwicklung bzw. Industrialisierung und weniger auf der Demokratisierung. Darüber hinaus zeigten zahlreiche politische Systeme in der Dritten Welt Merkmale von Einparteienherrschaft, von charismatischer Führerschaft und von militärischer Einmischung in gesellschaftliche Angelegenheiten. In der bipolaren Welt des Ost-West-Konflikts konkurrierten Regime demokratischer Natur mit solchen sozialistischer Organisation. Letztere beanspruchten das Prädikat fortschrittlich für sich (vgl. Blondel 1985, S. 11).

Eurozentrismusvorwurf

Der Eurozentrismusvorwurf ging einher mit ethnologischen und psychologischen Erkenntnissen, welche seit den 1940er Jahren in den Sozialwissenschaften rezipiert wurden. Ethnologische Ansätze, die von der Politikwissenschaft aufgenommen wurden, waren dabei eng

---

[16]   Die Unterscheidung zwischen *Gemeinschaft* und *Gesellschaft* wurde durch den Soziologen Ferdinand Tönnies berühmt: Gemeinschaft verweist bei ihm auf eine Verbindung, welche durch Verständnis (z. B. zwischen Familienmitgliedern) entsteht, Gesellschaft hingegen basiert auf Verbindungen, welche durch Vertrag entstehen. Letztere besitzen einen stärkeren formellen Charakter. Tönnies stellte bezüglich dieser Unterscheidung die These auf, wonach das Vordringen des zweckrationalen Handelns in kapitalistischen Ländern zu einer Entwicklung von der Gemeinschaft (wie sie in der Stammesgesellschaft noch dominant war) zur Gesellschaft führt (vgl. Tönnies 2005).

mit dem Namen Claude Lévi-Strauss (1908–2009) verbunden. In seinen Arbeiten erhielten Institutionen universellen Charakter: sie kommen in allen Gesellschaften in ihren Grundstrukturen ähnlich vor, wie dies beispielsweise bei Verwandtschaftsbeziehungen oder der Logik der Fall ist (vgl. etwas Lévi-Strauss 2008). Diese Beobachtung förderte die Einsicht, dass auch sogenannte primitive Völker funktional äquivalente Institutionen im Vergleich zu den sogenannten entwickelten Nationen besaßen. Die (ungeschriebenen) Regeln eines Stammes im Urwald können somit durchaus mit den Regeln einer (geschriebenen) Verfassung verglichen werden: beide steuern das Verhalten von Individuen. Aus dieser Sicht ist es nicht notwendig, politikwissenschaftliche Studien auf westliche politische Systeme zu beschränken.

Psychologische Erkenntnisse rückten bei der Betrachtung politischer Systeme das Individuum, d. h. einzelne Akteure, stärker in den Mittelpunkt. Die Psychoanalyse hatte bereits darauf hingewiesen, dass das Individuum zentraler Akteur sei und vor den Institutionen komme. Um Institutionen zu verstehen, müsste demnach zunächst das Handeln der einzelnen Akteure verstanden werden. Dieses Handeln könne man ferner bis in seine tiefsten Wurzeln hinein erklären: im Unterbewussten finden sich sogar Handlungsanreize, welcher der Einzelne nicht unmittelbar versteht, die jedoch durch geschickte Analyse aufgedeckt werden können. Die psychischen Strukturen (Ich, Es, Über-Ich) wiederum lassen sich universell bei allen Menschen beobachten und sind nicht etwa auf bestimmte europäische Kulturkontexte beschränkt. Bis heute hat diese Idee die Rational Choice-Ansätze geprägt, wonach Menschen als Nutzenmaximierer generell vornehmlich auf rationaler Basis ihre Entscheidungen treffen. Solche Überlegungen bereiteten die Abkehr von den Institutionentheorien und eine Hinwendung zu Handlungstheorien vor. Der Fokus der Untersuchungen verschob sich vom größeren Ganzen zum Individuum. Vor allem in den USA hatte der neue Ansatz unter dem Begriff Behavioralismus (*behavior* = Verhalten) großen Erfolg. Nun standen nicht mehr ganze Institutionen im Mittelpunkt des Interesses (z. B. das Parlament), sondern die einzelnen Abgeordneten, denen bestimmte Rollen zugeordnet wurden (vgl. beispielsweise Wahlke et al. 1962).

Einen radikalen Bruch mit formal-institutionellen Ansätzen vollzog schließlich die Systemtheorie, auf die im Folgenden näher eingegangen wird. Gleichwohl war und ist das auf Institutionen gerichtete politische Denken mit diesen Brüchen nicht erledigt, sondern entwickelt sich weiter, etwa im Neoinstitutionalismus und den Ansätzen des *constitutional engineering* (siehe Kapitel 4.4). Auch heute noch sind verfassungsrechtliche Variablen und rechtliche Vorgaben wichtig für die Erklärung politischer Systeme und deren Teile. Sie dürfen nicht vernachlässigt werden, denn nicht nur die Akteure prägen die Institutionen, sondern die Institutionen prägen auch die Akteure.

5.2   Systemtheorie

Die Systemtheorie ist ein wissenschaftstheoretischer Versuch, eine allgemein anerkannte Theorie des politischen Handelns aufzustellen. Nicht mehr normative Kriterien (wie beispielsweise die Orientierung am Verfassungsstaat) sollten den Untersuchungen zugrunde liegen, sondern empirische – also beobachtbare – Tatsachen der Gesellschaft. Die Systemtheorie verbindet Elemente des organischen und mechanischen Denkens miteinander. Aus Naturwissenschaften wie der Kybernetik (Steuerungsforschung) übernahm sie mechanistische Annahmen, aus der Biologie Modelle lebender Organismen. Der einheitsstiftende holistische Begriff ist das „System". Wie weit das systemtheoretische Denken in der Politikwissenschaft vorgedrungen ist, zeigt die tägliche, nicht immer reflektierte Benutzung des Systembegriffes z. B. als politisches System, Parteiensystem, Gesundheitssystem, Bildungssystem usw.

Systemtheorie versus Institutionalismus

Die Systemtheorie nimmt mehrere Akzentverschiebungen gegenüber den formal-institutionellen Ansätzen vor: Während der alte Institutionalismus von einem statischen Institutionenbegriff ausging, steht bei der Systemtheorie der Wandel – die Evolution – der Institutionen im Mittelpunkt. Der alte Institutionalismus berücksichtigte vor allem die Entscheidungsfindung innerhalb des politischen Systems. Sie findet auf der Grundlage formal-rechtlicher Regelungen statt (z. B. auf Grundlage der Verfassung). Die Systemtheorie berücksichtigt auch Forderungen (*demands*) und Unterstützung (*support*), welche in der Umwelt des politischen Systems entstehen, z. B. Streiks, Wahlentscheidungen u. a. m. Sie werden als *input* in das politische System bezeichnet. *Inputs* kommen also von außerhalb des Systems, sie können aber auch im System selbst entstehen, wenn beispielsweise Parteien ihre Wahlprogramme in Gesetze einfließen lassen (*withinputs*). Das politische System reagiert auf diese Handlungsanreize mit Entscheidungen (oder Nichtentscheidungen). Damit entsteht *output* (z. B. ein Gesetz). Die tatsächliche Wirkung des *output* in der Gesellschaft nennt man *outcome*. Das setzt voraus, dass Maßnahmen des politischen Systems (z. B. Gesetze) tatsächlich implementiert und angewandt werden. Hinzu kommen informale Verfahren. Sie finden jenseits des positiven Rechts statt, besitzen aber große Bedeutung für den politischen Prozess. Ein solches informales Verfahren sind in Deutschland z. B. Koalitionsrunden. Sie sind rechtlich nicht durch Gesetze oder andere Regelungen abgesichert: Weder im Grundgesetz noch in der Geschäftsordnung des Bundestages oder in der Gemeinsamen Geschäftsordnung der Bundesministerien findet sich eine Erwähnung dieses Gremiums. Es basiert alleine auf der Übereinkunft der Teilnehmer. Dieser informale Bereich wird auch als *black box* bezeichnet, weil er der wissenschaftlichen Beobachtung nur schwer zugänglich ist.

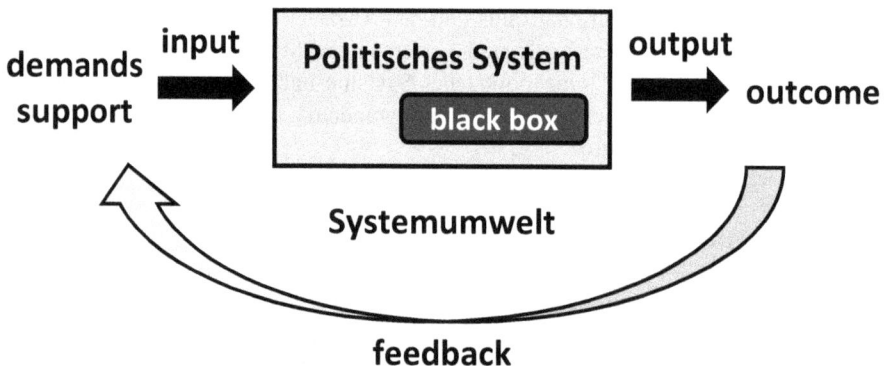

Abb. 5.1:   Politisches System und Systemumwelt (eigene Darstellung).

Zentrale Annahmen der Systemtheorie

Die Systemtheorie geht von mehreren zentralen Annahmen aus:

System/Umwelt-Differenz: Die Gesellschaft besteht aus unzähligen Systemen, z. B. politische Parteien, Familien, Schulen, Unternehmen, Justiz usw. Jedes System hat, so die Annahme, eine Umwelt und grenzt sich gegen diese und damit auch gegen andere Systeme ab. Mit Umwelt ist also nicht die Natur gemeint, sondern alles außerhalb der Grenzen eines Systems. Die Grenzen eines Systems werden dabei von ihm selbst definiert. Jeder Mensch weiß, wie er sich in einem bestimmten System zu verhalten hat, z. B. muss er, wenn er in der Straßenbahn sitzt, einen Fahrschein lösen und darf nicht rauchen. Das Handeln orientiert sich an der Unterscheidung zwischen System und Umwelt: in einem anderen System, z. B. in der Fußgängerzone, ist das Rauchen erlaubt. Die Systemtheorie interessiert sich dafür, wie sich Systeme in ihrer Umwelt verändern, wobei sich auch die Umwelt ständig verändert.

Komplexität: Die Umwelt stellt immer mehr Möglichkeiten bereit, als einzelne Systeme aufnehmen können. Systeme haben deshalb die Funktion, die Komplexität der sie umgebenden Umwelt mit Hilfe von Selektion zu reduzieren. Systeme verarbeiten, so die Systemtheorie, immer nur einen bestimmten Ausschnitt der Umwelteinflüsse.

Selbstregulierung: Systeme regulieren sich selbst. Sie streben dabei nach Aufrechterhaltung des Systems; kein System möchte untergehen. Damit ähneln sie lebenden Organismen. Systeme möchten nicht „sterben", ebenso wenig wie die meisten Menschen.

Struktur, Funktion, Rolle: Die Systemtheorie arbeitet mit den Begriffen Struktur (regelmäßige Handlungsformen), Funktion (Ergebnis einer Struktur) und Rolle (Position des Akteurs). Strukturen sind regelmäßige Handlungsformen oder Muster von Verhalten und damit verantwortlich für die Aufrechterhaltung der politischen Ordnung. Sie führen zu bestimmten Funktionen. So hat die Struktur „Parlament" die Funktion der Gesetzgebung oder die Funktion der Legitimationsbeschaffung für das politische System. Die Abgeordneten übernehmen die Rolle des Gesetzgebers, aber auch die Rolle des Kontrolleurs und des Kritikers. Diese Begrifflichkeit erlaubt, den Institutionenbegriff auch dynamisch zu verstehen. Wandel in den Strukturen der Institution oder bei den Rollen der Abgeordneten führen zu einem Wandel der Institution: Übt das Parlament seine Gesetzgebungsfunktion nicht mehr aus, weil die Entscheidungen an einem anderen Ort getroffen werden, z. B. in der Verwaltung, hat dies Auswirkungen auf die Legitimationsfunktion des Parlamentes. Gleiche Strukturen können Funktionen zudem in unterschiedlicher Weise erfüllen: Eine Funktion von Parlamenten in demokratischen Systemen ist die Mitgestaltung (z. B. über Änderungsanträge an Gesetzentwürfen) und die Verabschiedung von Gesetzen. Auch der chinesische Volkskongress erfüllt die Funktion „Verabschiedung von Gesetzen", aber er besitzt kaum eine Gestaltungsfunktion. Die Struktur „Parlament" erfüllt demnach unterschiedliche Funktionen in dem einen und in dem anderen System. Für die Vergleichende Regierungslehre ist diese Beobachtung besonders wichtig, denn es geht ihr oft um die Suche nach „funktionalen Äquivalenten". Das sind Funktionen, welche zwar in verschiedenen Systemen gleich lauten, die aber von unterschiedlichen Strukturen gewährleistet werden. Bleiben wir nochmals beim Beispiel der Gesetzgebung: Gesetzentwürfe können in der Bundesrepublik u. a. von der Regierung nach Zuleitung und Stellungnahme des Bundesrates in den Bundestag eingebracht werden, in den USA steht dem Präsidenten und der Regierung diese Möglichkeit nicht offen. Der Präsident kann dieses Hindernis aber informal umgehen, indem er ihm nahestehende Kongressabgeordnete bittet, den gewünschten Entwurf an seiner statt in den Kongress einzubringen. Dieser Weg ist das funktionale Äquivalent für die Einbringung eines Gesetzes durch die Regierung in der Bundesrepublik.

AGIL: Gleiche Funktionen sozialer Systeme

Oben haben wir bereits erwähnt, dass die Systemtheorie eine allgemeine Theorie der Gesellschaft anstrebt. Wichtig in diesem Zusammenhang wurden die Untersuchungen von Talcott Parsons (1902–1979), der den sogenannten Strukturfunktionalismus prägte. Parsons betont, dass alle sozialen Systeme (und damit auch das politische System) zunächst grundsätzlich vier gleiche Funktionen erfüllen:

- *A Adaptation*: Anpassung an die Umwelt. Z. B. versucht eine Partei, nach einer Wahlniederlage eine Anpassung an den vielleicht bis dahin falsch verstandenen Wählerwillen vorzunehmen.
- *G Goal attainment*: Zielsetzung und Zielverwirklichung. Z. B. richten Parteien ihre Mitglieder auf die gleichen Ziele in Form eines Wahlprogramms aus, um erfolgreich zu sein.
- *I Integration*: Verschiedene Strukturen müssen dauerhaft kooperativ zusammenarbeiten: Z. B. muss eine Partei ihre Untergliederungen koordinieren.
- *L Latent pattern maintenance*: Handlungs- und Wertstrukturen müssen aufrechterhalten werden. Z. B. muss die Partei ihre Ideologie nach innen stützen, indem der Parteivorsitzende eine besondere Autorität genießt und indem sie für einen ideologischen Gleichklang ihrer Mitglieder sorgt.

Hier wurde jeweils ein Beispiel aus dem Parteiensystem gewählt, dieses sogenannte AGIL-Schema findet aber Anwendung auf alle sozialen Systeme. Gleichwohl sind einzelne Subsysteme (oder Teilsysteme) im gesamtgesellschaftlichen System auf bestimmte Funktionen spezialisiert: Für die „Adaption" ist das ökonomische System zuständig, für das „Goal attainment" das politische System, für die „Integration" das Rechtssystem und für das „Latent pattern maintenance" das Glaubens- und Religionssystem. Im Grundsatz muss jedoch jedes soziale System alle vier Funktionen erfüllen.

Welche Merkmale besitzt das „politische System"? Wie andere Systeme stellt es ein Teilsystem des größeren sozialen Systems dar. Die Grundlagen des politischen Systems, das ursprünglich auch als „governmental system" bezeichnet wurde, basieren auf entscheidungstheoretischen Annahmen. Demnach besteht die *raison d'être* der Regierung in der Erarbeitung und Implementierung von allgemeingültigen Entscheidungen, deren Adressat die Gesamtgesellschaft ist. Aus diesen Entscheidungen entstehen materielle Güter (z. B. Sozialleistungen) und/oder immaterielle Güter (z. B. Solidarität unter den Gesellschaftsmitgliedern). Das politische System wird daher in Anlehnung an Webers Staatsdefinition (siehe Kapitel 1) von David Easton (geb. 1917) als System definiert, das die „authoritative allocation of values" vornimmt. Damit hat es eine zentrale Steuerungsmacht – eine These, welche durchaus umstritten ist, denn auch das ökonomische System besitzt für Gesellschaften Steuerungsmacht, beispielsweise bei der Frage, ob Wohlstand oder Armut vorherrscht. Im Unterschied zum ökonomischen System verfügt das politische allerdings auch über die Zwangsgewalt in Form von Justiz, Polizei und Militär, um seine Steuerung gegen widerstrebende Akteure durchzusetzen. Hieraus erwächst ferner die generelle Notwendigkeit eines politischen Systems. Es übernimmt eine Art Schiedsrichter- und Verteilerrolle, denn in jeder Gesellschaft sind bestimmte Güter nur knapp vorhanden, wie z. B. Geld, Wohlstand, Gerechtigkeit. Auch ist die Anzahl der Werte, die innerhalb der Gesellschaft verteilt werden könnten, größer als die tatsächlich verteilbaren Werte. Dieser Mangel macht Dezision, (politische) Entscheidung notwendig. Am politischen System hat allerdings nicht nur der Staat teil. Nach David Easton gehören zum politischen System alle Stukturen mit politischen Anteilen: „The political system includes not only governmental institutions such as legislatures, courts, and administrative agencies, but all structures in their political aspects" (Easton 1953, S. 57).

Funktionen des politischen Systems

Politische Systeme erfüllen ähnliche Funktionen. Sie sind zudem multifunktional, d. h. Strukturen und Funktionen entsprechen sich meist nicht direkt, sondern Strukturen können mehrere Funktionen beinhalten: So können Parteien sowohl Interessen aggregieren wie Eliten rekrutieren. Politische Systeme verfügen demnach über einen kulturellen Mischcharakter, d. h. sie sind nie völlig modern oder traditionell. Die Steuerungsleistung des politischen Systems kann mit vier Begriffen näher bestimmt werden: extraktiv, regulativ, distributiv, symbolisch.

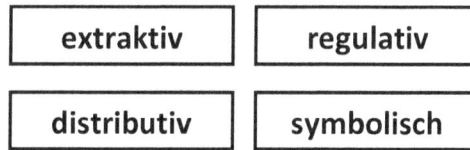

extraktiv	**regulativ**
distributiv	**symbolisch**

Abb. 5.2: Extraktive, regulative, distributive und symbolische Funktionen (eigene Darstellung).

Über die extraktive Funktion verschafft sich das politische System finanzielle, personale und sachliche Ressourcen (z. B. Steuern, Wehrpflicht, Bürgermeisteramt). Die regulativen Funktionen verweisen auf Normen, welche die Reichweite des staatlichen Geltungsanspruchs gegenüber der Gesellschaft bestimmen (z. B. Gesetze). Die distributiven Funktionen führen zur Verteilung von Gütern und Dienstleistungen (z. B. Wohlfahrtsleistungen) und die symbolischen Funktionen stiften Identität und führen zur Integration der Gesellschaft (z. B. Fahnen, Nationalhymne). Politische Systeme unterscheiden sich in erheblichem Maße darin, wie sie diese Funktionen erfüllen. Dabei bezeichnet man als latente Funktionen solche, die permanent erfüllt werden und welche von der Gesellschaft fast nicht mehr bemerkt werden, z. B. die Bereitstellung von Schulen, Schwimmbädern oder Rechtssicherheit in funktionierenden Demokratien. Als manifeste Funktionen wird die Erfüllung von solchen Funktionen bezeichnet, die von den Adressaten auch bemerkt werden, z. B. die Erhebung von Steuern, die sich in einem Steuerbescheid manifestiert. Schließlich können die Funktionen partikularistisch, d. h. nur für einen bestimmten Teil der Gesellschaft, oder universalistisch, d. h. für die Gesamtgesellschaft, erfüllt werden. Ein empirischer Vergleich von Leistungen der politischen Systeme der Europäische Union, Deutschlands, Frankreichs, der USA und des Tschads ergibt unterschiedliche Ausprägungen dieser Funktionen, die hier in einer einfachen Tabelle mit x = gering bis xxxx = stark vergleichend gegenübergestellt werden (siehe Tabelle 5.1).

Tab. 5.1:   Funktionserfüllung in unterschiedlichen politischen Systemen.

	EU	Deutschland	Frankreich	USA	Tschad
Extraktive Funktion	x	xxx	xxx	xx	x
Regulative Funktion	xxx	xxxx	xxxx	xx	x
Distributive Funktion	xx	xxx	xxxx	x	0
Symbolische Funktion	x	xxxx	xxxx	xxxx	x

Bei dieser fiktiven Untersuchung politischer Systeme fällt die Unterschiedlichkeit der Funktionserfüllung auf: Die extraktiven Funktionen der EU fallen nur gering aus: sie besitzt keine Steuerhoheit und wird mit Beiträgen der Mitgliedsstaaten finanziert. Deutschland und Frankreich hingegen sind Länder, in denen sich der Staat in erheblichem Maße über Steuereinnahmen finanziert. Die USA ist sicherlich keine Steueroase, den extraktiven Funktionen des Staates wird in der politischen Kultur jedoch mit größerer Skepsis begegnet, was sich dann auch auf die Steuergesetzgebung niederschlägt. Die geringe Erfüllung dieser Funktion im Tschad hängt hingegen mit dem dort nur schwach ausgeprägten Staat zusammen, der wenige Möglichkeiten besitzt, Steuereinnahmen bei den Bürgern zu erheben. Ähnlich ist das Bild bei den regulativen und distributiven Funktionen des Staates. Auch hier zeichnet sich der bürgerkriegsgeplagte Tschad im Vergleich zu den anderen Fällen durch eine geringe oder im Falle der Wohlfahrtsleistungen kaum vorhandene Funktionserfüllung aus. Die Europäische Union konnte im Verlauf des Integrationsprozesses diese beiden Funktionen ausbauen, sie fallen aber immer noch geringer aus als in den Mitgliedsstaaten. Auch symbolisch stieß die Union einen „nachholenden Nationenbildungsprozess" an, indem sie 1985 die Instrumentalversion von Beethovens „Ode an die Freude" als Europahymne und 1986 die Europaflagge mit zwölf goldenen fünfzackigen Sternen annahm. Als Ausdruck nationaler Identität sind diese Symbole im Vergleich mit deutschen, französischen und amerikanischen weniger im Bewusstsein der Bürger verankert.

Niklas Luhmann und die Eigenzeit politischer Systeme

Eine entscheidende theoretische Vertiefung erfährt die politikwissenschaftliche Systemtheorie durch Niklas Luhmann (1927–1998). Der Bielefelder Soziologe trat mit einem klaren Arbeitsprogramm seine Professur an: die Systemtheorie als Gesellschaftstheorie zu entwickeln. Das politische System ist dabei ein Subsystem der Gesellschaft. Der Staat wird zum „Staat des politischen Systems". Im Anschluss an Talcott Parsons, der Luhmanns akademischer Lehrer war, gelangen ihm entscheidende Weiterentwicklungen der Theorie politischer Systeme. Beispielsweise führte Luhmann die Zeit als einen entscheidenden Faktor ein. Politische Systeme beschreibt er als „temporalisierte Systeme", die der Zeit ausgesetzt sind und über eigene Systemzeit verfügen. Zeit als Systemzeit ist nicht nur Dauer, wie bei Parsons, sie hat für das System und für die Umwelt eine je eigene Qualität. Luhmann betont,

> „daß Zeit sowohl in der Umwelt als auch im System gegeben ist; daß sie aber für die Umwelt nicht notwendigerweise die gleiche Form und die gleiche strukturelle Relevanz annimmt wie für das System. Die Ausdifferenzierung von Systemen bezieht, mit anderen Worten, auch die Zeitdimension ein und verändert das, was für das System Zeit ist, auch wenn sie nicht verändern kann, was in der Umwelt als Zeit vorgegeben ist." (Luhmann 1980, S. 33)

Das System verfügt demnach über eine eigene Zeit. Es braucht diese Ausdifferenzierung in zeitlicher Hinsicht einerseits, um planerische Unabhängigkeit von seiner Umwelt zu erlangen. Dennoch ist es andererseits auf eine zeitliche Übereinstimmung, auf „eine gemeinsame Chronologie" mit der Umwelt angewiesen. Diese Eigenzeit des politischen Systems, seine „Systemzeit", liegt in der Verknüpfung eigener gegenwärtiger Ereignisse mit vergangenen und künftig erwartbaren Ereignissen, also der systemeigenen Geschichte und der eigenen Zukunftsplanung. Die Verknüpfung von Gegenwart mit vergangenen und künftigen Ereignissen stellt für das System jene eigene Form von Zeit bereit, über die es unabhängig zum Weltzeitverlauf verfügen kann: Es kann sich Zeit nehmen, es kann sich durch Zeitvorgaben unter Druck setzen, es kann Wartezeiten einplanen oder weitgehend ungeregelt die weitere Abfolge dem Zufall überlassen. Es ermöglicht dem System „Warteschleifen", indem es die Reaktion auf Umweltereignisse vorläufig zurückstellen und den Zeitpunkt der Reaktion selbst bestimmen kann (hierzu und zum Folgenden vgl. Riescher 1994). So gehören z. B. Zeitdruck, Tempoanforderungen, Terminierungen, Fristen, zeitliche Koordination, Verabredungsprobleme, Ultimaten, „Eilt-sehr"-Direktiven zu den alltäglichen Zeitanforderungen in komplexen sozialen und politischen Systemen. Dabei werden einem System von seiner Umwelt zumeist nur beschränkte Reaktionszeiten zugebilligt. Dass gerade politische Systeme dabei nicht selten immensen Schwierigkeiten ausgesetzt sind, zeigt die Praxis:

- Die optimale Lösung von komplexen Sachfragen und die Erprobung von Handlungsalternativen sind mit hohen Zeitanforderungen verbunden.
- Konsensfindung kostet Zeit.
- Vorgegebene Zeitbegrenzungen verhindern eine optimale Lösung der Sachfragen und/oder schaffen Konsensprobleme.
- Politische „Altlasten" behindern Gegenwartsentscheidungen, und politische Planung entscheidet über eine Zukunft, die sich zu einem späteren Zeitpunkt als nicht mehr sachgerecht und wünschenswert herausstellen könnte.
- Die Koordination gleichzeitiger Ereignisse in System und Umwelt kann zu informativen und kommunikativen Überforderungen bis hin zum „Handlungsnotstand" führen.

Doch der politische Alltag zeigt auch, dass in der Politik viele Möglichkeiten vorhanden sind, mit diesen und ähnlichen Zeitproblemen fertigzuwerden. Gängige und augenscheinliche Praktiken reichen von zunehmender Routinisierung, dem Erstellen von Zeitplänen, Verfahrensbeschleunigungen und Kompetenzverlagerungen bis hin zu Vertagungen, Abwarten und leider immer wieder auch dem sogenannten „Aussitzen" von Problemen.

5.3   Rational Choice-Theorien

Die politisch-ökonomischen Ansätze verschieben die Perspektive vom System auf den Akteur. Hierbei tritt im Sinne der Systemtheorie der *input* in den Mittelpunkt der Betrachtung: die individuellen Handlungen. Die Kritik der Autoren mit politisch-ökonomischen Ansätzen an der Systemtheorie setzt am systemtheoretischen Politikbegriff an: Dieser sei einerseits zu eng, wenn es nur darum geht, die „authoritative allocation of values" zu erfassen, andererseits aber auch zu weit, weil mit der Konzentration auf Strukturen (wie Institutionen) zahlreiche individuellen sozialen Beziehungen vernachlässigt werden, z. B. die Durchsetzungsfähigkeit eines besonders begabten Politikers (Charles de Gaulle, John F. Kennedy u. v. m.). Die politisch-ökonomischen Theorien sind Handlungstheorien. Mit ihnen entsteht wieder die

Verbindung von Politik und Ökonomie, wie sie in der klassischen politischen Ökonomie selbstverständlich war: So lag das Allgemeinwohl bei Adam Smith (1732–1790) im individuellen Interesse begründet, und bei Karl Marx (1818–1883) stellte die Ökonomie die Superstruktur dar, die alle anderen Strukturen und damit auch die Politik beeinflusst. Die politisch-ökonomischen Ansätze sind heute jedoch eher auf Seiten von Smith als auf derjenigen Marx'.

Vermehrung individuellen Nutzens

Warum werden politisch-ökonomische Theorien aufgestellt? Seit Aristoteles waren anthropologische (den Menschen als Wesen betreffende) Aussagen immer wieder zum Ergebnis gekommen, dass der Mensch ein Gruppenwesen sei. Er könne nur mit der Gemeinschaft leben und in ihr überleben. Wichtig sind hierbei die sozialen Qualitäten des Menschen: sein Verhalten in der Gruppe. Andere Beobachter stellen dahingegen den Egoismus des Menschen in den Mittelpunkt. So ist sich der Mensch im Naturzustand bei Thomas Hobbes (1588–1679) selbst der nächste und strebt immerfort nach seinem Vorteil. Er möchte gut leben und sein eigenes Leben möglichst lange erhalten. Auf die moderne Gesellschaft bezogen bedeutet dies, dass Akteure eher an der Verteilung des Wohlstands (durch das politische System) als an der Mehrung des Wohlstands (durch das ökonomische System) interessiert sind. Allerdings sind die zu verteilenden Güter (z. B. Geld oder Ansehen) knapp. Ferner gibt es keine eindeutigen Verteilungsregeln, die alle Akteure gleichermaßen zufriedenstellen. Somit muss die Verteilung durch bestimmte Institutionen gewährleistet werden: diese können im Markt und damit in der Selbstregulierung gesehen werden oder im Staat und damit in der Regulierungsfunktion einer unabhängigen und neutralen Autorität.

Homo oeconomicus

Die Ansätze politisch-ökonomischen Denkens gehen von der anthropologischen Annahme aus, der Mensch sei ein homo oeconomicus. Nach diesem Verständnis ist er ein autistisches Wesen, das sich nicht um die Belange und Interessen seiner Mitmenschen oder der Gesellschaft kümmert. Jeder Mensch trägt individuelle Präferenzen in sich, die er – auch gegen Widerstand – durchzusetzen versucht. Sein ganzes Denken und Handeln sind daran orientiert, den eigenen Vorteil zu mehren. So strebt er beispielsweise nach einem möglichst hohen Gehalt. Bei diesem Wunsch ist er vom Vergleich geleitet: er hat eine Vorstellung, welche Summen andere Personen verdienen (und was sie sich deshalb leisten können). Zugleich strebt er nach dem egoistischen Ziel, die eigenen Verdienstmöglichkeiten zu maximieren. Der Gegenpart des Nutzenmaximierers ist der homo sociologicus. Er reagiert auf andere Menschen nach den internalisierten (durch lange Einübung gelernten) Normen der Gesellschaft, die ihm eine Rolle zuweist, die er kaum verlassen kann. Würde der homo sociologicus in einer Stammesgesellschaft leben, so hätte er dort eventuell die Rolle als Jäger inne. Auch er betrachtet die anderen Rollen und vergleicht seine Tätigkeit mit anderen. Er käme aber nicht auf die Idee, einen Stammeskollegen, der die Rolle des Sammlers innehat, als Konkurrenten wahrzunehmen. Die Handlungsfreiheit des homo sociologicus ist eingeschränkt, denn die Gesellschaft prägt durch ihre Normen das Verhalten des Einzelnen. Der idealtypische homo oeconomicus besitzt hingegen ein hohes Maß an Handlungsfreiheit. Er möchte nicht anders handeln. Der homo sociologicus kann nicht anders handeln. Der erste befindet sich aufgrund seiner Interessenorientiertheit in einem Konfliktmodell, der zweite aufgrund seiner Einbettung in die Gesellschaft in einem Konsensmodell. Sucht man das zentrale Steuerungselement, wäre dies im ersten Fall der Markt, der sich selbst reguliert. Im zweiten Fall wäre es der Staat, der verantwortlich für die Herstellung von Konsens ist (vgl. von Beyme 2000, S. 137).

Tab. 5.2:   Homo oeconomicus versus homo sociologicus.

homo oeconomicus	homo sociologicus
Autist/Individualist	Träger von Rollen
Mensch = Konkurrent	Mensch = Mitmensch
er will nicht anders handeln	er kann nicht anders handeln
Konfliktmodell	Konsensmodell
Markt	Staat

Handlungen folgen den Annahmen des rationalen Handelns

Die handlungstheoretischen Grundlagen des homo oeconomicus basieren auf Annahmen des rationalen Handelns (Rational Choice). Hierunter versteht man mehrere Elemente:

- *Methodological individualism* (Methodischer Individualismus): Es wird von individuellem Verhalten von Akteuren ausgegangen, um kollektive Phänomene zu erklären. In den Blick genommen werden also zu allererst Individuen oder Gruppen, wobei auch letztere als relativ einheitlich handelnde Akteure verstanden werden (z. B. die Lobby der Pharmaunternehmen).[17]
- Individuen besitzen *wants/preferences*: Gemeint sind damit materielle Wünsche, religiöse Werte, moralische Vorstellungen, ideologische Prädispositionen, aber auch altruistische Impulse und der Sinn für Gemeinschaft sowie *beliefs* in Form individueller Handlungsinstrumente bzw. -möglichkeiten.
- Zentral ist der Begriff *choice* (Wahl): Die Wahl bzw. die individuelle Entscheidung des Individuums besitzt konstituierende Bedeutung für die sozialen und politischen Phänomene. Damit das Modell der individuellen Entscheidung funktioniert, müssen die Wahlmöglichkeiten vergleichbar und konsistent, d. h. die Präferenzen müssen stabil sein: „an object is rational choice if no other available object is better according to the chooser's preferences" (Shepsle und Bonchek 1997, S. 25).
- *Rationality* (Rationalität): Der Rationalitätsbegriff verweist darauf, dass Bedürfnisse und Interessen auf rationalen Kriterien basieren. Akteure sind fähig, in einer bestimmten Situation Handlungsalternativen auszuwählen, die auf Eigeninteressen basieren und mit den geringsten materiellen und immateriellen Kosten verbunden sind: „when faced with several courses of action, people usually do what they believe is likely to have the best overall outcome" (Elster zit. nach Ward 2002, S. 65).

Diese in der Psyche des Individuums verankerten Grundlagen bilden zusammen die *instrumental rationality* (instrumentelle Vernunft). Sie wird konfrontiert durch die Umwelt, welche die Handlungsoptionen einschränkt und wo teilweise Unsicherheit über die Konsequenzen der persönlichen Entscheidung herrscht.

---

[17]   Von Gruppen aus denken auch andere Ansätze, wie z. B. der Marxismus, der die Gesellschaft in ökonomisch bedingte Klassen unterteilt oder die Theorie der Internationalen Beziehungen, welche die Völkergemeinschaft in Nationalstaaten aufgliedert.

Tauschtheorien, Vertragstheorien und Spieltheorien

Rational Choice versteht sich als positive Wissenschaft, d. h. als Erfahrungswissenschaft, die sich aus beobachtbaren Fakten begründet. Auf ihr bauen mehrere Großtheorien auf: Die Tauschtheorien sehen in Märkten das Ergebnis individueller Wahlhandlungen. Ihr zentrales Medium ist der Preis. Auch die Vertragstheorien sind eine Ausprägung dieses Ansatzes. Ihr Medium ist der Konflikt: Gesellschaften und Staaten entstehen demnach als Ergebnis widerstrebender Interessen und durch Übereinkunft (Thomas Hobbes, John Locke, Jean-Jacques Rousseau, Immanuel Kant). Die Spieltheorien versuchen, alle möglichen Konstellationen für eine optimale Strategie oder das beste Verhalten eines Akteurs zu berücksichtigen. Dabei muss dieser auch mit den Strategien der anderen Mitspieler kalkulieren. Bedeutung erlangte die Spieltheorie für die Vergleichende Regierungslehre im Zuge der von George Tsebelis entwickelten Vetospielertheorie (s. u.).

Kritik an den Rational Choice-Ansätzen

Jeder wissenschaftliche Ansatz wird intensiv diskutiert und kritisiert. So verweisen auch Anhänger von Rational Choice auf die Problematik, dass Rationalität immer eingebunden ist in einen größeren Kontext. Diese „bounded rationality" verweist darauf, dass Informationen, Zeit und kognitive Fähigkeiten begrenzt sind. Auch können Akteure lernen, z. B. durch Imitation. Auch Kooperation ist eine Möglichkeit. Die soziologische Kritik am Rational Choice-Denken ist vielleicht die schärfste. Sie führt an, dass Verhalten auf sozialen Strukturen, wie Normen, Ideologien und Institutionen beruht. Auch der rationale Akteur entkomme gesellschaftlichen Prägungen nicht. Manche Autoren parieren solche Kritik, indem sie betonen, dass auch strukturelle Faktoren (z. B. die Entscheidung für ein bestimmtes Institutionengefüge bei der Verfassungsgebung) letztlich auf individuelle Entscheidungen zurückzuführen sind.

Eine andere Kritik an den Rational Choice-Ansätzen zielt auf deren erkenntnisleitende Grundlagen: So ist die Vorstellung einer Dominanz der Eigeninteressen ebenfalls eine anthropologische Annahme. Man könnte auch von den Interessen der Gemeinschaft aus denken. Die seit dem Ende der 1970er Jahre im Zuge des Neoliberalismus propagierte Ausweitung der Marktmechanismen besitzt entsprechend eine ideologische Grundlage – eine Kritik, welche Jürgen Habermas aufgreift:

> „Die Sprache des Marktes dringt heute in alle Poren ein und presst alle zwischenmenschlichen Beziehungen in das Schema der selbstbezogenen Orientierung an je eigenen Präferenzen. Das soziale Band, das aus gegenseitiger Anerkennung geknüpft wird, geht aber in den Begriffen des Vertrages, der rationalen Wahl und der Nutzenmaximierung nicht auf" (Habermas 2001, S. 23).

Ein weiterer Kritikpunkt betrifft die hohe Komplexität von Rational Choice-Ansätzen, bei dem oft mathematische Modelle wichtiger als die eigentlichen Thesen sind. Dadurch erhalten sie eine hermetische – eine auf sich bezogene und für Außenstehende unzugängliche – Tendenz. Gleichwohl bieten sie auch einige Vorteile: alle Annahmen werden normalerweise explizit erläutert, die unterschiedlichen Variablen gegeneinander abgewogen und logische Erklärungen von Ursache und Wirkung vorgenommen. Eines der bekanntesten Beispiele einer auf Rational Choice-Annahmen beruhenden Theorie ist die Vetospielertheorie.

5.4 Vetospielertheorie

Grundlegend für den Vetospieler-Ansatz sind die Schriften von George Tsebelis (geb. 1952), insbesondere die Monographien „Nested Games. Rational Choice in Comparative Politics" (Tsebelis 1990) und „Veto Players. How Political Institutions Work" (Tsebelis 2002). Dass Akteure, die ein Veto einlegen können, generell wichtig sind, ist dabei kein neuer Gedanke. Für die Bundesrepublik Deutschland hat Wolfgang Jäger bereits in den 1980er Jahren auf die Bedeutung von „Mitregenten" hingewiesen (vgl. Jäger, Link 1987, S. 51 f.). George Tsebelis geht einen Schritt weiter und entwickelt aus der Betrachtung von Vetospielern einen umfassenden theoretischen Ansatz, mit Hilfe dessen er die Stabilität bzw. Veränderbarkeit politischer Entscheidungen aufzuzeigen sucht. Sein Anliegen ist, die Bedingungen politischer Dynamik bzw. politischer Stabilität respektive politischer Blockade über die Zahl und die Art der Vetospieler in einem politischen System zu erklären.

Abb. 5.3: George Tsebelis.

Tsebelis' Theorie basiert, neben Anleihen aus der Spieltheorie, wesentlich auf Annahmen der Rational Choice-Theorie. Er setzt voraus, dass sich die politischen Akteure rational verhalten, zielgerichtet agieren sowie konstante Präferenzen verfolgen. Tsebelis betrachtet dabei die institutionellen Akteure, die von der Verfassung vorgesehen sind, ebenso wie parteipolitische Akteure. Insofern kann die Theorie neoinstitutionalistischen Ansätzen zugeordnet werden (vgl. Stykow 2007, S. 264). Das im wahrsten Sinne des Wortes augenfälligste an Tsebelis' Theorie ist jedoch, dass es sich um ein euklidisches, ein räumliches Modell handelt. Sein Buch „Veto Players", das der zufällig danach greifende Leser zunächst für ein geometrisches Lehrbuch oder eine Sammlung von Konstruktionsplänen schweizerischer Uhren halten mag, enthält eine Vielzahl an Grafiken, über die er sein Modell erklärt.

Die Vetospieler

Tsebelis beschreibt Vetospieler folgendermaßen: „In order to change policies – or as we will say henceforth, to change the (legislative) status quo – a certain number of individual or collective actors have to agree to the proposed change. I call such actors veto players." (Tsebelis 2002, S. 2) Vetospieler sind also, rein von der Perspektive her, zunächst weniger diejenigen Akteure, die etwas verhindern, sondern – umgekehrt – diejenigen, deren positive Zustimmung notwendig ist, wenn der legislative Status quo verändert werden soll, wenn also ein Gesetz beschlossen oder geändert werden soll. „*Veto players* are individual or collective actors whose agreement is necessary for a change of the status quo." (Tsebelis 2002, S. 19)

Dabei unterscheidet Tsebelis verschiedene Arten von Vetospielern. Zunächst, das klang bereits an, kennt er individuelle und kollektive Vetospieler. Als Beispiel für einen individuellen Spieler kann der US-Präsident genannt werden. Er entscheidet allein. Kollektive Spieler setzen sich dagegen aus mehreren Akteuren zusammen und müssen ihre Haltung zunächst untereinander festlegen, z. B. parlamentarische Fraktionen. Darüber hinaus werden institutionelle (*institutional veto players*) und parteipolitische Vetospieler (*partisan veto players*) unterschieden. Während institutionelle Vetospieler Verfassungsorgane sind, deren Vetomacht verfassungsrechtlich festgeschrieben ist, ergeben sich parteipolitische Vetospieler aus dem politischen Spiel, d. h. in der Verfassungswirklichkeit: „Veto players are specified in a country by the constitution (the president, the House, and the Senate in the United States) or by the political system (the different parties that are members of a government coalition in Western Europe)." (Tsebelis 2002, S. 2)

Das Spiel der Vetospieler

Um nun auf das Interagieren der verschiedenen Vetospieler kommen zu können, wird auf die hier dargestellte Beispielgrafik Bezug genommen.

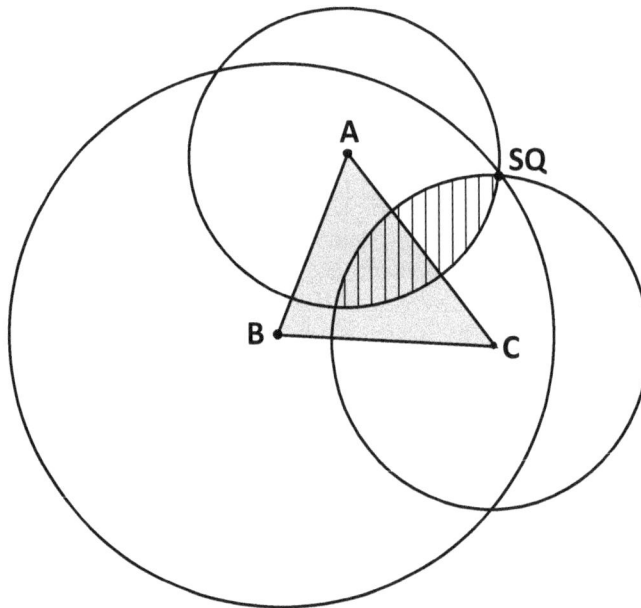

Abb. 5.4:   Vetospieler und ihre Interferenzkurven (eigene Darstellung).

Abgebildet sind drei Vetospieler (A, B, C), umgeben jeweils von einer Interferenzkurve, die die Präferenzen des Spielers angibt. Der Status quo (SQ) markiert den Stand der Politik. Wird eine Veränderung des Status quo vorgeschlagen, so ist ein Vetospieler dazu umso mehr bereit, je näher dieser Vorschlag dem eigenen Idealpunkt kommt. Würde die vorgeschlagene Gesetzesänderung den neuen Status quo hingegen weiter vom Idealpunkt des Vetospielers entfernen, wird er der Gesetzesänderung nicht zustimmen. Die Vetospieler stimmen einer Verschiebung des Status quo also nur zu, wenn der neue Status quo innerhalb ihrer Interferenzkurven liegt. Daraus ergibt sich logisch, dass eine vorgeschlagene Veränderung nur zustande kommt, wenn sie innerhalb der Schnittmenge der Interferenzkurven aller beteiligten Vetospieler liegt. Diese Schnittmenge (in der Abbildung schraffiert dargestellt) nennt Tsebelis *winset*. Je kleiner das *winset*, desto geringer ist der Veränderungsspielraum. Bei gänzlichem Fehlen einer Schnittmenge, gibt es keine Möglichkeit zur Veränderung des Status quo.

Ein weiteres Feld im politischen Spiel der Akteure mit Vetomacht ist der *unanimity core*. Dieser Kern wird durch die Fläche abgebildet, die zwischen den Verbindungslinien der Vetospieler entsteht (das dunkle Dreieck in der Abbildung). Läge der Status quo innerhalb des *core*, gäbe es keine Policy-Veränderung; es gäbe keine gemeinsame Schnittmenge zwischen den Interferenzkurven, kein *winset*. Läge der Status quo innerhalb des *core*, würde eine Veränderung zudem unweigerlich zur Verschlechterung eines der Spieler führen. Eine Veränderung käme in diesem Fall daher nicht zustande.

Die Wahrscheinlichkeit bzw. Unwahrscheinlichkeit einer Veränderung des Status quo hängt nun zentral von drei Faktoren ab:

1. Die Zahl der Vetospieler: Je mehr Vetospieler es gibt, desto unwahrscheinlicher ist eine Veränderung. Grund hierfür ist, dass in der Regel mit jedem weiteren Vetospieler das *winset* kleiner wird (oder zumindest gleich groß bleibt). Mit zunehmender Zahl von Vetospielern ist eine Veränderung des Status quo mithin schwieriger bzw. die Policy-Stabilität höher. Ergibt sich aus der Konstellation der Vetospieler kein *winset*, ist auch keine Veränderung möglich.

2. Die Distanz zwischen den Vetospielern: Je weiter die Vetospieler politisch voneinander entfernt liegen, desto kleiner wird das *winset* – eine Veränderung wird unwahrscheinlicher.

3. Die Kohäsion der kollektiven Vetospieler: Je homogener ein kollektiver Vetospieler ist, d. h. je geringer die ideologischen Differenzen innerhalb eines kollektiven Spielers sind, desto stabiler ist er. Anschaulich gesprochen lassen sich die internen Akteure eines homogenen kollektiven Vetospielers weniger leicht auseinanderdividieren als die eines fragmentierten. Homogene Vetospieler mit hoher Kohäsion sind also standfester und erhöhen die Policy-Stabilität.

Eine hohe Zahl von Vetospielern, eine große politische Distanz zwischen ihnen und eine starke innere Kohäsion der kollektiven Vetospieler erhöhen also die *policy stability* bzw. bremsen die *policy innovation*.

Um die für Tsebelis wesentliche Frage der Zahl der Vetospieler ermitteln zu können, spielt die *absorption rule* eine wichtige Rolle. „Absorbiert", d. h. nicht als Vetospieler gezählt werden bei Tsebelis Akteure, die zwar ein Vetorecht haben, deren Position sich aber im *core* befindet oder deren Position sich mit bereits vorhandenen Spielern deckt. So ist etwa eine Zweite Kammer, auch wenn sie in der Gesetzgebung über ein Veto verfügt, nicht als Vetospieler zu zählen, wenn sie ihre Entscheidungen parteipolitisch ausrichtet und ihre parteipolitische Zusammensetzung mit der der Ersten Kammer identisch ist. Ähnliches gilt für ein präsidentielles System, in dem der Präsident und die Mehrheit im Parlament von der gleichen Partei gestellt werden. Auch hier wird nur ein Vetospieler gezählt. Die Anwendung der Absorptionsregel ist damit entscheidend für die Ermittlung der Zahl der Vetospieler.

Prinzipiell sind alle Vetospieler insofern gleich als alle gleichermaßen einer Veränderung des Status quo zustimmen müssen. Allerdings besitzt derjenige Spieler einen besonderen Einfluss, der die Vorschläge zur Veränderung macht. Tsebelis nennt solche Vetospieler Agenda-Setzer (*agenda setter*). Es leuchtet ein, dass der Spieler einen größeren Einfluss hat, der konkrete Vorschläge machen kann, als derjenige, der nur zustimmen oder ablehnen kann. Besonders mächtig ist ein Agenda-Setzer, wenn kein anderer Spieler Vorschläge machen kann und er weiß, wie das *winset* aussieht. Er wird dann den neuen Status quo so vorschlagen, dass er seinen eigenen Präferenzen möglichst nahekommt, aber noch im *winset* liegt, sodass die „Mitspieler" dem Vorschlag in jedem Fall zustimmen werden, denn auch sie verbessern sich.

Kritik und Weiterentwicklung von Tsebelis' Theorie

Mittlerweile gibt es eine ganze Reihe von Fortentwicklungen des Modells von Tsebelis, die in vielen Fällen auf eine weitere Differenzierung der Arten und Formen von Vetospielern setzen. So macht etwa Arthur Benz, anknüpfend an den Gedanken des *agenda setting*, darauf aufmerksam, dass die Phase, in der ein Vetospieler aktiv wird, wichtig ist und unterscheidet im Mehrebenensystem „interne" und „externe" Vetospieler (vgl. Benz 2009, S. 54 ff.). Während interne Vetospieler früh und gestalterisch in den Entscheidungsfindungsprozess einbezogen sind, kommen externe Vetospieler erst spät zum Zuge und können mit ihrer Vetomacht nur noch ablehnen oder zustimmen, was zu hohen politischen Kosten führen kann. Ein Beispiel wäre ein Parlament (als externer Vetospieler), das eine zuvor zwischen Regierungen (als interne Vetospieler) getroffene Vereinbarung ratifiziert oder eben nicht. Uwe Wagschal unterscheidet konsensuale und kompetitive Vetospieler (vgl. Wagschal 2009; Wagschal 1999). Er verdeutlicht, dass nicht allein die Zahl der Vetospieler, sondern auch deren Wettbewerbsorientierung bedeutsam für die Wahrscheinlichkeit einer Änderung des Status quo ist. Während konsensuale Vetospieler eine am Kompromiss orientierte Haltung aufweisen, sind kompetitive Vetospieler konfliktbereiter und neigen damit eher zu Blockaden. Anhand von empirischen Studien im Bereich von Steuerreformen kann Wagschal zeigen, dass sich kompetitive Vetospieler negativ auf die Reformfähigkeit auswirken. Eine andere Weiterentwicklung des Modells von Tsebelis legen Heidrun Abromeit und Michael Stoiber mit „Demokratien im Vergleich" (2006) vor. Neben verschiedenen anderen Vetospieler-Arten wird hier als „ein Vetospieler der besonderen Art" der „Letztentscheider" eingeführt: „nicht (im Normalfall) mächtig, aber im Zweifel ausschlaggebend und vor allem nicht überstimmbar" (Abromeit, Stoiber 2006, S. 80). Solche Letztentscheider, die stets das letzte Wort haben, aber davon nicht unbedingt ständig Gebrauch machen, sind beispielsweise das Bundesverfassungsgericht in Deutschland, das Volk in der Schweiz oder das Unterhaus in Großbritannien. Besonders interessant ist, dass über diesen besonderen Vetospieler die bereits früher von Abromeit (siehe Abromeit 1995) ausgearbeitete Unterscheidung von Volks- (Schweiz), Parlaments- (Großbritannien) und Verfassungssouveränität (Deutschland) in das Vetospielerkonzept integriert wird. Weitere Modelle, etwa von André Kaiser (vgl. Kaiser 1998), der ebenso wie Steffen Ganghof (vgl. Ganghof 2003) oder Markus Crepaz (vgl. Crepaz, Moser 2004) auch von „Vetopunkten" spricht, können aufgezählt werden.

Anstoß für diese Weiterentwicklungen waren in vielen Fällen Schwächen der Theorie Tsebelis', von denen eine ganze Reihe benannt werden können. So wird von Tsebelis ausgeblendet, dass Vetospieler in der Realität Entscheidungen nicht nur nach inhaltlichen Erwägungen treffen, so André Kaiser:

> „Weil Tsebelis' Modell keine anderen Motive neben der Realisierung von Policy-Präferenzen kennt, ist das Handeln der Akteure vollständig determiniert. Daß Akteure daneben aber auch das Ziel, Regierungsämter zu verteidigen oder einzunehmen, oder das Ziel, ihren Stimmenanteil zu maximieren, anstreben können und diese Ziele möglicherweise ein von der Verfolgung ihrer „Idealpunkte" abweichendes Handeln nahe legen, berücksichtigt er nicht" (Kaiser 2002, S. 93).

Übersehen wird auch, dass Vetospieler strategisch sowohl an Konsensbildung als auch an Blockade interessiert sein können. Arthur Benz meint, „dass nicht allein die Existenz und institutionelle Macht von Vetospielern, sondern auch ihr strategisches Handeln für den Erfolg oder das Scheitern von Politik verantwortlich sind" (Benz 2009, S. 54). Natürlich ist von Tsebelis auch nicht vorgesehen, dies liegt an den rationalistischen Annahmen der Theorie, dass Akteure aus emotionalen Gründen oder aufgrund politischer Freundschaften handeln. Nicht vorgesehen ist außerdem, dass Vetospieler eine Änderung ihrer Position im Verlauf des politischen Willensbildungsprozesses aufgrund von besserer Einsicht oder aufgrund von Tauschgeschäften vornehmen. Manfred G. Schmidt fügt hinzu: „Unzureichend erfasst die Vetospielerlehre zudem organisierte Interessen mit großem Einfluss, zum Beispiel Gewerkschaften" (Schmidt 2003, S. 199). Heidrun Abromeit und Michael Stoiber ergänzen dies: „Bürokratien sieht Tsebelis generell nicht in der Rolle von Vetospielern, obwohl sie im politischen Prozess durchaus über erhebliche Macht verfügen können." (Abromeit, Stoiber 2006, S. 67) Wichtige Akteure, etwa die Ministerialbürokratie, Interessengruppen oder auch Zweite Kammern, die über kein absolutes Veto verfügen, werden also unzureichend berücksichtigt. Selbst Zweite Kammern, die ein Vetorecht besitzen, fallen, wenn ihre parteipolitische Zusammensetzung mit der der Ersten Kammer übereinstimmt, der Absorptionsregel zum Opfer. Dabei ist durchaus nicht immer eindeutig, wann beispielsweise die Akteure im Bundesrat ihre Entscheidungen nach parteilichen Präferenzen, wann nach Länderinteressen ausrichten.

Trotz vieler Kritikpunkte bietet die Vetospielertheorie von Tsebelis interessante neue Möglichkeiten der vergleichenden Analyse politischer Systeme. Tsebelis ermöglicht es, gerade aufgrund der nur mäßigen Differenziertheit seines Modells, politische Systeme jedweder Art zu untersuchen. „Indem er institutionalisierte Entscheidungsstrukturen eines politischen Systems durch die Art und die Zahl der Vetospieler beschreibt, vermag Tsebelis in beeindruckender Sparsamkeit unterschiedliche Institutionen für einen Vergleich auf den Begriff zu bringen." (Benz 2009, S. 53) Während klassische Unterscheidungstypologien, etwa die von parlamentarischen und präsidentiellen Demokratien, vielfach mit „Problemfällen" wie die Schweiz und Frankreich zu kämpfen haben, ist die Vetospielertheorie gegenüber unterschiedlichen Typen von Regierungssystemen äußerst anpassungsfähig. Zudem sind mit ihr, neben Analysen zu nationalstaatlichen Regierungssystemen, auch solche auf der supranationalen Ebene denkbar, ebenso wie im beschränkten Rahmen einzelner Politikfelder. Die Vetospielertheorie hält also ein sehr flexibles Instrumentarium bereit, was sicher mit zur raschen Verbreitung, man kann fast sagen: zum Siegeszug dieser vergleichsweise jungen Theorie beigetragen hat.

„Jung" sind auch die theoretischen Ansätze der Vergleichende Regierungslehre, die den Blick über den Nationalstaat hinaus richten und die im folgenden Abschnitt Thema sind.

5.5   Mehrebenensystem, Europäisierung und Global Governance

Die immer größer werdende Staatengemeinschaft der Europäischen Union und die Globalisierung bringen neue Anstöße für die Vergleichende Regierungslehre. Dabei findet eine doppelte Übertragung statt. Zum einen sind die typologisierenden Modelle des Vergleichs von Nationalstaaten Veränderungen ausgesetzt, weil sie ganz im Sinne des Wortes an Grenzen stoßen und den Politikdimensionen, die von Europa und einer globalisierten Welt ausgehen, nicht mehr gewachsen sind. Zum anderen öffnen sich die theoretischen Konzepte zur Erklärung der Europäischen Integration, die bislang hauptsächlich von den Theorien der Internationalen Politik kamen, den Erklärungsansätzen der Vergleichenden Politikwissenschaft. Ob man allerdings mit Knelangen gar von einer „komparativen Wende der Integrationsforschung" sprechen kann, ist noch nicht ausgemacht (Knelangen 2005, S. 11). Sicher ist jedoch – und dies gilt, seit es die politikwissenschaftliche Komparatistik gibt –, dass in kontinuierlichen Prozessen des Systemwandels die theoretischen Ansätze der Vergleichenden Regierungslehre weiterentwickelt werden. Denn, so Klaus von Beyme, „Theorien und Methoden ereignen sich nicht wie ein Blitz aus heiterem Himmel. Wenn es einen Blitz gab, so handelte es sich um ein säkulares Ereignis, das die vergleichende Methode modifizierte." (Beyme 2007, S. 40) So hält mit den Mehrebenensystemen, auch wenn das zu beschreibende Phänomen nicht neu, sondern in föderativen Systemen immer schon angelegt war, ein neuer Typus Einzug in die Systemlehre und den Vergleich. Zusammen mit dem Paradigma der Globalisierung sind damit die aktuellsten Forschungsfelder der Vergleichenden Regierungslehre beschrieben: Mehrebenensystem, Europäisierung und Global Governance.

Unter „Europäisierung" und „Europäisierungsliteratur" fasst man heute jene Beschreibungs-, Interpretations- und Theorieansätze zusammen, die die Bedeutung und die Wirkung der Politik der EU auf Staaten, Regionen, Länder oder Kommunen in den Mittelpunkt ihres Analyseinteresses stellen. Dies geschieht in ganz unterschiedlicher Weise. Die zwei wichtigsten Forschungsstränge der „Europäisierung" beschreiben entweder die Formen des Regierens (der Governance) im Europäischen Mehrebenensystem oder die Rückwirkung der europäischen Politik auf die politischen Systeme der EU-Mitgliedstaaten (vgl. Knodt, Stoiber 2007, S. 84). Beide Perspektiven sind für die Vergleichende Regierungslehre interessant, stellt sich doch die Frage, wie groß das Erklärungspotenzial der neuen Ansätze und Methoden ist und welche Entwicklungsmöglichkeiten sie bieten.

So wendet Wilhelm Knelangen z. B. die Typologien der Vergleichenden Regierungslehre auf den Polity-Bereich der EU an. Da die EU „kollektiv verbindliche Entscheidungen fällt, könne sie im Grundsatz mit den gleichen Forschungsansätzen untersucht werden wie nationalstaatlich verfasste politische Systeme" (Knelangen 2005, S. 10). Damit setzt er der in der Politikwissenschaft weit verbreiteten und häufig vorschnell akzeptierten, aber unanalytischen Bewertung, die EU sei ein politisches System „sui generis", das sich mit fortschreitender Integration vor allem aus sich heraus verstehen ließe, ein Argument der Vergleichenden Regierungslehre entgegen. Indem er Winfried Steffanis Kriterien des parlamentarischen und des präsidentiellen Regierungssystems (vgl. Kapitel 4.2.2) auf die Institutionen der EU anwendet, bildet Knelangen schließlich einen neuen „Zwischentypus", den „intergouvernementalen Semi-Präsidentialismus". Er beschreibt damit eine Variante zwischen Präsidentialismus und Parlamentarismus,

„die (a) die herausgehobene Rolle der Exekutive, (b) die Elemente der parlamentarischen Verantwortlichkeit der Kommission, sowie vor allem (c) die besondere Bedeutung der Regierungen im Entscheidungsprozess begrifflich integrieren kann. Als typologische Alternative bietet es sich hier an von einem „intergouvernementalen Semi-Präsidentialismus" zu sprechen. Damit wäre ein Begriff gewählt, der auf die strukturelle Ähnlichkeit des EU-Regierungssystems mit semi-präsidentiellen Systemen verweist, jedoch zugleich die „intergouvernementale Seite" der EU reflektiert." (Knelangen 2005, S. 33)

Auch wenn in der komparatistischen Forschung diese starke Betonung der institutionellen Ordnung der EU nicht ungeteilte Zustimmung findet, so ergänzt sie die Analysedimensionen der Vergleichenden Politikwissenschaft gerade im Hinblick auf Mehrebenensysteme um eine entscheidende institutionelle Komponente. Reduziert man die systemvergleichenden Analysen auf die Prozessebene der EU und fragt nur, „wie wird in einem solch hybriden System regiert" (Knodt, Stoiber 2007, S. 89), verzichtet man über die unterschiedliche Institutionenbeteiligung in den einzelnen Politikfeldern hinaus auf eine integrierende Gesamtbeschreibung des politischen Systems der EU. Dann bliebe in der Tat nur die vage Bezeichnung „sui generis".

Abb. 5.5:   Das Europäische Parlament – ein Parlament in einem System des „intergouvernementalen Semi-Präsidentialismus"?

Eine weitere zentrale, wenn nicht gar die zentrale Perspektive der Europäisierungsforschung richtet sich auf die Mitgliedsstaaten der EU. Diese sich in den letzten Jahren stark entwickelnde Forschungsrichtung fragt danach, wie sich die zunehmende Regelungsdichte der EU auf die Politik der Mitgliedstaaten auswirkt. Alle drei Ebenen des Politischen, polity, politics und policy sind vom stets steigenden Einfluss europäischen Handelns in zunehmendem Maße betroffen. Auf der polity-Ebene sind es die Parlamente der Mitgliedsstaaten, die „als Verlierer der Europäisierung identifiziert (werden), da sie a) Zugriff auf ehemals in nationaler Souveränität liegende Politikbereiche verloren haben, b) auf supranationaler Ebene ohne direkten Einfluss sind und c) in nur wenigen Fällen [...] effektiven Einfluss im Rat nehmen können." (Knodt, Stoiber 2007, S. 91 f.) Die größten Veränderungen, so betonen Knodt/Stoiber, liegen im politisch-administrativen System und in den Politikprozessen. Neben den Anpassungen, die vor dem Beitritt gefordert werden, sind es vor allem die Koordinations- und die Implementationsanforderungen, die Angleichungen von neuen Mitgliedstaaten bedingen.

Ökologische, ökonomische, soziale und politische Perspektiven auf das 21. Jahrhundert erweitern den Blick des „Regierens", des Herstellens von gesamtgesellschaftlich verbindlichen Entscheidungen um den Begriff „governance". Im Verständnis der OECD wird governance im Vergleich zum staatlichen Regierungshandeln wie folgt beschrieben:

> „Während Regieren ursprünglich jeweils vorwiegend politischen Charakter hatte, werden ihm […] jetzt daneben auch – national wie international – zunehmend technische, soziale wirtschaftliche, ökologische und andere Dimensionen zugeordnet, und neue Interpretationen, wie zum Beispiel ‚von unten nach oben', neue Formen verteilter Einrichtungen und weitläufiger Machtstrukturen mit Zwischensystemen und mehr oder weniger harmonischem Zusammenwirkens. Auch von Demokratiemangel und Effizienzverlust ist die Rede, in gewissen Fällen sogar von Bedenken wegen möglicher ‚Parallelregierung'." (Jesse, Sturm 2003, S. 478)

Ohne die künftige Bedeutung von staatlich organisierten politischen Systemen schmälern zu wollen, beschreiben Jesse/Sturm treffend die Herausforderungen des 21. Jahrhunderts damit, dass staatliches Handeln und effizientes Regieren an Grenzen stoßen, weil Problemdimensionen, Interessen und nicht zuletzt ganze Politikfelder mehr denn je nationalstaatliche Grenzen überschreiten. Als ein Beispiel für viele seien hier die sicherheitspolitischen Herausforderungen genannt, die auf Bedrohungslagen des internationalen Terrorismus zunehmend mit supranationalen Programmen reagieren (vgl. Riescher 2010). Europa als Raum der Freiheit, der Sicherheit und des Rechts bedarf der Rechtsvereinheitlichung im Sicherheitsrecht, denn, so Würtenberger/Tanneberger, „der Staat gelangt hier an die Grenzen des Regel- und Überwachbaren […] Wie allerdings die Sicherheitsarchitektur des für eine supra- und internationale Kooperation offenen, an Prävention und gesellschaftlicher Mitwirkung orientierten Staates aussehen wird, gehört zu den zentralen Forschungsfragen der Zukunft." (Würtenberger, Tanneberger 2010, S. 121 f.)

In diesem Kapitel haben wir einen weiten Weg zurückgelegt. Von den Anfängen der Systemtheorie in den 1950er Jahren bis zu den aktuellen Debatten um Fragestellungen der europäischen Integration und der Globalisierung. Deutlich wurde hierbei, dass die Vergleichende Regierungslehre unterschiedliche Perspektiven während dieser Phase einnahm. Die Kritik am Institutionalismus entzündete sich an der Konzentration auf die verfassungsrechtlichen Grundlagen, wie sie einige Vertreter des Faches zeigten. Nicht nur die formalen Institutionen sollten Berücksichtigung finden, sondern das ganze System und mit diesem auch der *input* (*demands*/*support*) und der *output* – die Elemente, welche in das politische System hineingetragen werden (z. B. Interessen) ebenso wie die Ergebnisse des politischen Prozesses (z. B. Gesetze). Insbesondere die Konzentration auf die Resultate des politischen Systems öffnete den Weg zur vergleichenden Analyse von Demokratisierungsprozessen, der Gesetzgebung und der Europäisierung. Die Vetospielertheorie ging über die Typologisierungsversuche in der Vergleichenden Regierungslehre weit hinaus: nun stand nicht mehr die Begriffsarbeit und die Differenzierung der unterschiedlichen Regierungssysteme im Vordergrund, sondern die Frage nach dem Zustandekommen (oder eben dem Nicht-Zustandekommen) von politisch erzeugten Ergebnissen. Immer stärker differenzierte sich das Fach aus, so dass heute eine große Zahl konkurrierender und sich gegenseitig ergänzender Ansätze genutzt wird. Das Credo des Postmodernismus war „anything goes". Das gilt nicht unbedingt für die Vergleichende Regierungslehre: Die zahlreichen Ansätze werden auf ihre Möglichkeiten und Grenzen kritisch untersucht und kaum eine wissenschaftliche Arbeit kommt heute ohne eine ausführliche Methodenkritik aus. Dass sich am Ende des individualistischen 20. Jahrhunderts der Rational Choice-Ansatz in der Vergleichenden Regierungslehre Bahn brach, ist nur wenig verwunderlich. So spiegelt auch Wissenschaft immer den gesellschaftlichen Kontext.

6 Perspektiven der Vergleichenden Regierungslehre

In den vorangehenden Kapiteln haben wir die Diskurse zur Vergleichenden Regierungslehre mit dem Begriff des „Erbes" geordnet: das Erbe des politisch-philosophischen, des verfassungsrechtlichen, des systemtheoretisch und ökonomischen Denkens. „Erbe" verweist als Metapher darauf, dass Theorien und Methoden des Vergleiches übernommen und weitergeschrieben werden. Ihren Ursprung finden diese in der Geschichte der politischen Ideen, in fachnahen Disziplinen wie z. B. des Rechts, der Ökonomie oder auch in so fachfremden Wissenschaften wie der Technik oder der Biologie. Traditionslinien aus der griechischen Antike, dem Zeitalter der Aufklärung oder den „Ismen" des 19. Jahrhunderts (Liberalismus, Sozialismus, Konservativismus) wurden ebenso herausgearbeitet wie Entwicklungslinien unterschiedlicher theoretischer Herangehensweisen an den Vergleich wie der Systemtheorie oder der Neuen Politischen Ökonomie. Wird das Erbe gut verwaltet, so vermehrt es sich in den nachfolgenden Generationen, die wie selbstverständlich auf die früheren Erfahrungsschätze zurückgreifen, Schulen bilden und das Tradierte weiterentwickeln.

Zum Erbe der Vergleichenden Regierungslehre gehört es auch, dass nahezu jede ihrer Darstellungen mit einem Fazit an Leistungen und Defiziten und mit künftigen Entwicklungslinien endet. Wenn wir auch dies gleichsam als „Erbe" des Vergleichs in diesem letzten Kapitel in unsere Darstellung aufnehmen, so ist zusammenfassend zu konstatieren, dass manche Defizite, vor allem methodische, seit vielen Jahren angemahnt werden und bis heute nicht hinreichend gelöst sind. So verweist der Nestor der deutschen Vergleichenden Politikwissenschaft Klaus von Beyme (geb. 1934) bereits Ende der 1960er Jahre darauf, dass die vergleichende Methode bei all ihren Vorteilen auch nicht zu übersehende Nachteile habe:

> „1. Vergleiche treten oft an die Stelle exakter Hypothesenbildung, da die Fülle der Daten dazu verleitet, aus dem Material Hypothesen herauszudestillieren, statt Hypothesen an dieses Material heranzutragen und an ihm zu testen.
>
> 2. Auch die Theoriebildung – so sehr sie immer von Vergleichen angeregt worden ist – kann bei detaillierter komparativer Forschung leiden, da der Drang zu groß ist, Typologien und Skalen statt den Nachweis von Kausalität anzubieten.
>
> 3. Vergleiche erschweren die Wertung des praxisbezogenen Forschers. Nicht selten werden Verhältnisse in einem Land mit dem Nachweis gerechtfertigt, dass sie in einem anderen Land „noch schlimmer" seien." (Beyme 1976, S. 61 f.)

Die ersten beiden Feststellungen können nach wie vor als Defizite vermerkt werden. Zur Abänderung des dritten Defizits hat der Autor jedoch selbst seit 1990 mit seinen Beiträgen zur Transformationsforschung entscheidend beigetragen. Denn mit der Einbeziehung der mittel- und osteuropäischen Staaten in die Vergleichende Regierungslehre werden Wertungen deutlicher ausgesprochen und die Spannung zwischen „Anarchie und Autokratie" in nicht-konsolidierten Demokratien präziser benannt (vgl. z. B. Beyme 2001 und Beyme 2010, Kap. 6 „Von der Sowjetologie zur Transitologie", S. 90–114).

Sichtbar wird auch in der 2010 erschienenen „Vergleichenden Politikwissenschaft" von Klaus von Beyme die starke Ausweitung der Disziplin auf den Policy-Bereich. Die vergleichende Analyse von Politikfeldern ist neben der Theorieentwicklung im letzten Jahrzehnt zu einem

Abb. 6.1: Klaus von Beyme.

wichtigen Vergleichsfeld geworden und bringt unverzichtbare Erkenntnisse in die Politikwissenschaft ein. Zwar dominieren im Policy-Vergleich noch die klassischen Politikbereiche wie die von Esping-Anderson angestoßenen Vergleiche von wohlfahrtsstaatlichen Policies oder auch die zunehmend von der EU geregelten bzw. global zu behandelnden Politikbereiche wie Migration, Arbeit, Verkehr und Klima. Ob schließlich Klaus von Beymes Vorstoß in den Bereich der Kulturpolitik neue Felder des Vergleichs zu erschließen vermag, wird sich in den nächsten Jahren erst erweisen müssen (vgl. Beyme 2010, Teil III „Politikfelder im Vergleich", S. 227–335).

Mit dem Policy-Vergleich öffnet sich die Vergleichende Regierungslehre – so die nahezu einhellige Prognose der Expertinnen und Experten – mehr und mehr von *comparative government* hin zu *comparative governance* (vgl. Jesse et al. 2003; Simonis et al. 2007). Regieren, Steuern, Planen und Koordinieren der dafür verantwortlichen politischen Institutionen in Verbindung mit Vereinen, Verbänden, Interessensgruppen, Nichtregierungsorganisationen oder dem Wirtschaftssektor wird angesichts hoher Partizipationsforderungen und neuer Beteiligungsformen mehr denn je das Regierungshandeln beeinflussen. Manchmal haben Policy-Vergleiche auch unmittelbaren Einfluss auf die politischen Entscheidungsebenen und führen zu Reformen, wie dies in Folge des Vergleichs der Schulleistungen geschah, der unter dem Titel „PISA-Studie" in zahlreichen OECD-Staaten und anderen Ländern durchgeführt wurde.

Ausgeweitet auf die Europäisierungs- und Globalisierungsforschung werden *multilevel governance*, das politische Handeln in Mehrebenensystemen, und *good governance* zu Themen der Vergleichenden Politikwissenschaft. Gut funktionierendes Regierungshandeln, transparente Verwaltungsstrukturen, Verantwortung der Regierenden den Regierten gegenüber sowie Partizipationschancen und bürgerschaftliches Engagement treten in den Vordergrund. Dabei werden zunehmend auch ethische Kriterien des Regierungshandelns, Fragen der Gerechtigkeit oder das Gefühl des Glücklichseins in einer Gesellschaft mit Hilfe der statistischen Methode vergleichend untersucht (vgl. The Economist 19.12.2006).

Neben den fachinternen methodischen und theoretischen Fortschritten beeinflussen immer auch Zeitereignisse, Politikergebnisse und politische Veränderungen die Vergleichende Regierungslehre und eröffnen neue Perspektiven. Denn die Vergleichende Politikwissenschaft

ist als empirische Wissenschaft nicht unabhängig von den Variablen der Politik. Herausragendes Beispiel der jüngeren Zeit sind die politischen Veränderungen, die mit dem Zusammenbruch der kommunistischen Regime in den mittel- und osteuropäischen Staaten 1989/90 begannen. Mit der deutschen Wiedervereinigung, dem Zerfall der Sowjetunion und den beginnenden Transitionsprozessen eröffneten sich neue politische Räume, deren Verfassungen und Institutionen bereits in der Entstehungsphase und später dann in ihren Entwicklungen vergleichend analysiert werden konnten. So brachte die Systemtransformation in Polen neue Hypothesen und Erkenntnisse in die alte Diskussion der Vergleichenden Regierungslehre um den Regimetyps des Semi-Präsidentialismus ein. Die Systemtypuskontroverse, die Duverger, Steffani, Blondel u. a. in den 1980er Jahren mit starken Argumenten vor allem in Bezug auf die V. französische Republik ausgetragen hatten, gewinnt – angereichert um Transformations- und Konsolidierungsthesen – neues Gewicht. Bewertet man z. B. die semipräsidentielle Doppelspitze der polnischen Republik mit den Inklusions-, Transparenz- und Effizienzkriterien der Transformationszeit, so zeigt sich, wie Claudia Schäfer überzeugend herausgearbeitet hat, dass der Regierungssystemtypus weit über das institutionelle Arrangement hinaus Konsolidierungseffekte zeitigen kann (vgl. Schäfer 2008).

Für die Zeit nach der Jahrtausendwende sind es die Terroranschläge des 11. September 2001 und die globale Finanzkrise im Herbst 2009, die die Vergleichende Regierungslehre mit aktuellen Themen konfrontieren. Fragen der nationalen und internationalen Sicherheit und die Entwicklung von neuen Sicherheitsarchitekturen im Mehrebenensystem rücken in den Fokus. In ihrer Folge verschieben sich institutionelle Kompetenzen und die Policy-Vergleiche führen zu dem neuen Paradigma der Resilienz, der Widerstandsfähigkeit von Politik und Gesellschaft gegenüber äußeren und inneren Herausforderungen. Politische Systeme, so die Vermutung, werden sich künftig auch daran messen lassen müssen, inwieweit sie Sicherheit gewährleisten und die Spannung zwischen Freiheit und Sicherheit in Zeiten terroristischer Bedrohung angemessen lösen können (vgl. Riescher 2010).

Auch über die Fragen der Sicherheit hinaus stellt die seit den 1990er Jahren immer populärer gewordene Mehrebenenperspektive die Vergleichende Politikwissenschaft vor neue Herausforderungen. Eine Welt, in der die Systemgrenzen scheinbar immer durchlässiger werden und die sich mit einer hohen Geschwindigkeit vernetzt, führt zu neuen territorialen Machtordnungen. Der Aufbruch nationalstaatlicher Ordnung durch das scheinbar immer dominierendere System „Wirtschaft" und neue Technologien lassen zumindest virtuell und symbolisch Gesellschaften immer mehr zusammenrücken. Dabei wird der traditionelle Länderansatz der Vergleichenden Regierungslehre, also der Vergleich verschiedener Nationalstaaten, insofern erweitert, als Forscherinnen und Forscher zukünftig das „Hineinregieren" höherer Ebenen in zahlreiche Politikfelder mitberücksichtigen müssen. Die Europäische Union ist hierfür nur ein Beispiel. Die Politikwissenschaft hat für dieses Phänomen mit dem Begriff „Europäisierung" bereits einen Teilbereich eröffnet, der in den letzten Jahren eine immer größere Bedeutung erhielt.

Neben neuen politischen Räumen eröffnen sich neue Zeitperspektiven für die Vergleichende Regierungslehre. Zuletzt wiesen Werner Patzelt, Georg Simonis u. a. darauf hin, dass die veränderte Rolle der Dimension Zeit für die Politik eine wichtige Fragestellung darstelle. Werner Patzelt und Stephan Dreischer legten dazu einen Sammelband vor über „Parlamente und ihre Zeit" und untersuchten vergleichend die Zeitstrukturen so unterschiedlicher Parlamente wie des Deutschen Bundestages, der letzten Volkskammer der DDR, des neuseeländischen Repräsentantenhauses oder des Rats der Europäischen Union. Diese „zeitbasierte Parlamentsanalyse" zeigt neben den zeitlich koordinierten Parlamentsabläufen und den Besonderheiten des Einzelfalls auch praxisbezogene Modelle für Parlamentsreformen. Effizienz und Funktionalität, aber auch Handlungspotenziale und Einflussstrukturen der Parlamente resultieren nicht zuletzt aus optimaler Zeitnutzung (vgl. Patzelt et al. 2009). Georg Simonis, Hans-Joachim Lauth und Stephan Bröchler dagegen fragen generell: „wie verändert sich angesichts der Zeitnot im Umgang mit Risiken die Bedeutung des Faktors Zeit als politische Regelungsstruktur für die Bearbeitung öffentlicher Probleme"? (Simonis et al. 2007, S. 160) und identifizieren damit eine Forschungsfrage der Vergleichenden Politikwissenschaft im 21. Jahrhundert. Denn demokratische Politik ist nicht nur definiert als Herrschaft auf Zeit, sondern sie muss sich maßgeblich als Herrschaft durch Zeit erweisen, d. h. vereinfacht gesprochen, sie muss mit Zeit umgehen können, sie strategisch nutzen und eigene Zeit generieren können. Regierungshandeln, das sich das Tempo ausschließlich von anderen Akteuren vorgeben lässt, wie beispielsweise der Wirtschaft, den internationalen Märkten oder den Entscheidungen anderer politischer Systeme, ist steten systemfremden Beschleunigungen ausgesetzt und kann den Gestaltungsansprüchen von Politik und Gesellschaft immer weniger gerecht werden.

Demokratische Politik, die dem Wähler verantwortlich ist, darf aber auch Reformen nicht vertrödeln und Vorhaben nicht auf die lange Bank schieben, nur weil mit unangenehmen Entscheidungen der Wahlerfolg nicht gefährdet werden soll. Manchmal öffnen sich sogenannte Zeitfenster, *windows of opportunity*, die man nutzen muss, weil sonst politische Chancen unwiederbringlich verloren sind (die deutsche Einheit wird in diesem Zusammenhang immer wieder genannt). Bei anderen Politikvorhaben tut man gut daran, längere Beratungs- und Informationsphasen einzubauen – z. B. wenn zu erkennen ist, dass ein schneller Gesetzgebungsprozess zwar eine schnelle Regelung des Problems, aber keine politische Akzeptanz erzeugen wird. In der Balance zwischen Effizienz und Akzeptanz kommt es für demokratische Politik darauf an, zur rechten Zeit das richtige Zeitmaß zu bestimmen. Denn es geht darum, in der eigenen Zeit autonom zu bleiben und mit ihr gestaltend zu arbeiten.

Bislang sind es vor allem systemtheoretische Analysen, die die Zeitstrukturen „temporalisierter Systeme" in den Blick nehmen. Doch darüber hinaus ist es eine lohnende, weil neue Erkenntnisse generierende Forschungsperspektive, die Zeitregime und damit die „Eigenzeiten" unterschiedlicher Regierungssysteme vergleichend zu analysieren.[18] Der „Eigenzeit-Ansatz" ermöglicht es, differenzierte Befunde über die Zeitstrukturen von politischen Systemen, Institutionen, Politikfeldern oder auch des *policy making* herauszuarbeiten. Dass präsidentielle und parlamentarische Regierungssysteme verschiedene Formen der Zeitzuteilung anwenden und dass sich repräsentative Demokratien in den Zeitbudgets politischer Planung und Umsetzung signifikant von direktdemokratischen Gesetzgebungsprozessen unterscheiden, konnte gezeigt werden (vgl. Riescher 1994, Riescher 1997 und Riescher 2005). Es gilt, die Ansätze der politik- und sozialwissenschaftlichen Zeitforschung in die Vergleichende Regierungslehre, die Analyse von Mehrebenensystemen und *comparative governance* einzubringen. Gelingt es, die systeminternen Zeitzuteilungsmuster als strategische Ressourcen zu erkennen und die Zeitdimensionen des Politischen vergleichend zu analysieren, eröffnen sich künftigen Forschungsvorhaben neue Perspektiven des Vergleichs. Den

---

[18]   Die Wiener Soziologin Helga Nowotny hat den Begriff „Eigenzeit" in den 1980er Jahren geprägt und bezeichnet damit Zeitformen, die verschiedenen Individuen und sozialen Gruppen je eigene und von anderen unterschiedene temporale Prägungen, Muster und Handlungsrhythmen geben (vgl. Nowotny 1989). Zur Übernahme des Begriffs in politische Systeme vgl. Riescher 1994.

aktuellen Herausforderungen durch immer neue Beschleunigungsformen (vgl. Rosa 2008) kann damit ein Forschungsprogramm der Vergleichenden Regierungslehre entgegengesetzt werden.

Allerdings werfen neue Studien oft mehr Fragen auf, als sie in der Lage sind zu beantworten. Der wissenschaftlichen Forschung ist es eigen, dass sie nur in einem permanenten Kreislauf von Fragen, Hypothesen und Thesen voranschreitet. Deshalb ist an der alten Klage über die Vergleichende Politikwissenschaft von Giovanni Sartori „Whether we realize it or not, we are still swimming in a see of naivete" (Sartori 1970, S. 1033) auch ein Quantum Richtigkeit. Gleichwohl hat die Vergleichende Regierungslehre in ihrer etwa 2500jährigen Geschichte gezeigt, dass sie ein großes Vermächtnis verwalten und nutzen kann, sich an geänderte Zeiten und Politiken anzupassen versteht und ihr Erbe fruchtbar mehren kann.

Abbildungsverzeichnis

Literatur

Abromeit, Heidrun (1995): Volkssouveränität, Parlamentssouveränität, Verfassungssouveränität. In: Politische Vierteljahresschrift, Jg. 36, S. 49–66.

Abromeit, Heidrun; Stoiber, Michael (2006): Demokratien im Vergleich. Einführung in die vergleichende Analyse politischer Systeme. Wiesbaden: VS Verlag für Sozialwissenschaften.

Almond, Gabriel A.; Powell, Bingham G.; Strøm, Kaare; Dalton, Russell J. (2004): Comparative Politics Today. A World View. 8. Aufl. New York u. a.: Pearson; Longman.

Aristoteles (1995): Politik [Politika, nach 335 v. Chr.]. Übersetzt von Eugen Rolfes. Hamburg: Meiner.

Aron, Raymond (1967): Les étapes de la pensée sociologique. Montesquieu. Comte. Marx. Tocqueville. Durkheim. Pareto. Weber. Paris: Gallimard.

Augustinus, Aurelius (1991): Vom Gottesstaat [De civitate Dei, 413–426 n. Chr.]. Buch 1–10. Aus dem Lateinischen übertragen von Wilhelm Thimme. Eingeleitet und kommentiert von Carl Andresen. 3. Aufl. München: dtv Klassik.

Bagehot, Walter (2001): The English Constitution [1867]. Edited with an Introduction and Notes by Miles Taylor. Oxford: Oxford University Press.

Bahro, Horst; Veser, Ernst (1995): Das semipräsidentielle System – 'Bastard' oder Regierungsform sui generis? In: Zeitschrift für Parlamentsfragen, Jg. 26, H. 3, S. 471–485.

Bendix, Reinhard (1978): Kings or People. Power and the Mandate to Rule. Berkeley: University of California Press.

Benz, Arthur (2009): Politik in Mehrebenensystemen. Wiesbaden: VS Verlag für Sozialwissenschaften.

Beyme, Klaus von (1976): Die vergleichende Methode. In: Stammen, Theo (Hg.): Vergleichende Regierungslehre. Beiträge zur theoretischen Grundlegung und exemplarische Einzelstudien. Darmstadt: Wissenschaftliche Buchgesellschaft, S. 17–62.

Beyme, Klaus von (1987): America as a Model. The Impact of American Democracy in the World. In Memory of Carl Joachim Friedrich. Aldershot: Gower.

Beyme, Klaus von (1992): Theorie der Politik im 20. Jahrhundert. Von der Moderne zur Postmoderne. Frankfurt a. M.: Suhrkamp.

Beyme, Klaus von (1994): Systemwechsel in Osteuropa. Frankfurt a. M.: Suhrkamp.

Beyme, Klaus von (1999): Die parlamentarische Demokratie. Entstehung und Funktionsweise 1789–1999. 3. Aufl. Opladen; Wiesbaden: Westdeutscher Verlag.

Beyme, Klaus von (2000): Die politischen Theorien der Gegenwart. Eine Einführung. 8. Aufl. Opladen: Westdeutscher Verlag.

Beyme, Klaus von (2001): Russland zwischen Anarchie und Autokratie. Wiesbaden: Westdeutscher Verlag.

Beyme, Klaus von (2007): Historische Entwicklung der Vergleichenden Politikwissenschaft. In: Zeitschrift für Vergleichende Politikwissenschaft, Jg. 1, S. 28–42.

Beyme, Klaus von (2010): Vergleichende Politikwissenschaft. Wiesbaden: VS Verlag für Sozialwissenschaften.

Blondel, Jean (1985): Généralités: le comparatisme. In: Grawitz, Madeleine; Leca, Jean (Hg.): Traité de science politique. La science politique, science sociale, L'ordre politique, Bd. 2. 5 Bände. Paris: Presses Universitaires de France, S. 1–26.

Bobbio, Norberto (2001): État, pouvoir et gouvernement. In: Bobbio, Norberto: L'état et la démocratie internationale. Traductions de Nicola Giovannini, Paul Magnette, Jean Vogel. Herausgegeben von Mario Telò. Bruxelles: Éditions Complexes, S. 191–271.

Bodin (1986): Les six livres de la république [1576]. Paris: Fayard.

Bolingbroke, Henry Saint John Lord of (1775): Letters on The Spirit of Patriotism. On the Idea of a Patriot King. And on the State of Parties at the Accession of King George I. A new edition. London: Davies.

Bossuet, Jacques Bénigne (Hg.) (1771): Discours sur l'histoire universelle. Monseigneur Le Dauphin, pour expliquer la suite de la religion et les changemens des empires. Nouvelle Édition. 2 Bände. Paris: Brocas.

Bryce, James (1923): Modern Democracies. 2 Bände. London: Macmillan.

Cicero, Marcus Tullius (2004): Über die Gesetze [De legibus, um 34–32 v. Chr.]. Lateinisch und deutsch. 3. Aufl. Herausgegeben von Rainer Nickel. Düsseldorf: Artemis & Winkler.

Crepaz, Markus M. L.; Moser, Ann W. (2004): The Impact of Collective and Competitive Veto Points on Public Expenditure in the Global Age. In: Comparative Political Studies, Jg. 37, H. 3, S. 259–285.

Dahl, Robert A.; Tufte, Edward R. (1974): Size and Democracy. Stanford: Stanford University Press.

Diamond, Jared (2006): Collapse. How Societies Choose to Fail or Succeed. London u. a.: Penguin.

Durkheim, Emile (1976): Regeln der soziologischen Methode [1894]. 4., revidierte Fassung. Herausgegeben von René König. Neuwied: Luchterhand.

Duverger, Maurice (1976): Les partis politiques [1951]. Paris: Armand Colin.

Duverger, Maurice (1980): A New Political System Model. Semi-Presidential Government. In: European Journal of Political Research, Jg. 8, H. 2, S. 165–187.

Easton, David (1953): The Political System. An Inquiry into the State of Political Science. New York: Knopf.

Evans, J. A. S. (1968): Father of History or Father of Lies. The Reputation of Herodotus. In: The Classical Journal, Jg. 64, H. 1, S. 11–17.

Faul, Erwin (1984): Ursprünge, Ausprägungen und Krise der Fortschrittsidee. In: Zeitschrift für Politik Jg. 31, H. 3, S. 241–290.

Finer, Samuel E. (1997): The History of Government. Vol. I: Ancient Monarchies and Empires, Vol. II: The Intermediate Ages, Vol. III: Empires, Monarchies and the Modern State. 3 Bände. Oxford: Oxford University Press.

Freeman, Edward A. (1873): Comparative Politics. London: Macmillan.

Freitag, Markus; Vatter, Adrian (Hg.) (2008): Die Demokratien der deutschen Bundesländer. Politische Institutionen im Vergleich. Mit einem Vorwort von Arend Lijphart. Opladen: Budrich.

Friedrich, Carl J. (1946): Constitutional government and democracy. Theory and practice in Europe and America. Boston u. a.: Ginn.

Friedrich, Carl J. (1961): Die politische Wissenschaft. Freiburg u. a.: Alber.

Friedrich, Carl J. (1967): The Impact of American Constitutionalism Abroad. The Gaspar G. Bacon Lecture on the Constitution of the United States, 1966. Boston, Massachusetts: Boston University Press.

Friske, Tobias (2007): Staatsform Monarchie. Was unterscheidet eine Monarchie heute noch von einer Republik? Online verfügbar unter http://www.freidok.uni-freiburg.de/volltexte/3325.

Friske, Tobias (2008): Monarchien. Überblick und Systematik. In: Riescher, Gisela; Thumfart, Alexander (Hg.): Monarchien. Baden-Baden: Nomos, S. 14–23.

Gallus, Alexander (2007): Typologisierung von Staatsformen und politischen Systemen in Geschichte und Gegenwart. In: Gallus, Alexander; Jesse, Eckhard (Hg.): Staatsformen. Von der Antike bis zur Gegenwart. 2., aktualisierte und ergänzte Aufl. Bonn: Bundeszentrale für politische Bildung, S. 19–55.

Ganghof, Steffen (2003): Promises and Pitfalls of Veto Player Analysis. In: Swiss Political Science Review, Jg. 9, S. 1–25.

Gebauer, Bernt (2004): Verfassungsreformprozesse in Großbritannien und der Schweiz. (Modell-) Demokratien im Wandel. Berlin: Philo.

Geertz, Clifford (1999): Dichte Beschreibung. Bemerkungen zu einer deutenden Theorie von Kultur. In: Geertz, Clifford: Dichte Beschreibung. Beiträge zum Verstehen kultureller Systeme. Übersetzt von Brigitte Luchesi und Rolf Bindemann. Frankfurt a. M.: Suhrkamp, S. 7–43.

Gibbon, Edward (2004): Verfall und Untergang des römischen Reiches [1776–1789]. Übersetzt von J. Sporschill. Herausgegeben von D. A. Saunders. Frankfurt a. M.: Eichborn.

Habermas, Jürgen (2001): Glauben und Wissen. Friedenspreis des Deutschen Buchhandels 2001. Frankfurt a. M.: Suhrkamp.

Hamilton, Alexander; Madison, James; Jay, John (1993): Die Federalist Papers. Übersetzt, eingeleitet und mit Anmerkungen versehen von Barbara Zehnpfennig. Darmstadt: Wissenschaftliche Buchgesellschaft.

Harrington, James (2008): The Commonwealth of Oceana and A System of Politics. Herausgegeben von J. G. A. Pocock. 6. Aufl. Cambridge: Cambridge University Press.

Hegel, Georg Wilhelm Friedrich (1995): Grundlinien der Philosophie des Rechts. Mit Hegels eigenhändigen Randbemerkungen in seinem Handexemplar der Rechtsphilosophie. In der Textedition von Johannes Hoffmeister. 5. Aufl. Hamburg: Meiner.

Hennis, Wilhelm (1963): Politik und praktische Philosophie. Eine Studie zur Rekonstruktion der politischen Wissenschaft. Neuwied am Rhein; Berlin: Luchterhand.

Hennis, Wilhelm (1977): Ende der Politik? Zur Krisis der Politik in der Neuzeit. In: Hennis, Wilhelm: Politik und praktische Philosophie. Schriften zur politischen Theorie. Stuttgart: Klett-Cotta, S. 176–197.

Hennis, Wilhelm (2008): Nun wollte ich sehen, wie der Staat arbeitet. Interview mit Patrick Bahners und Jürgen Kaube. In: Frankfurter Allgemeine Zeitung, 18.2.2008, S. 36.

Herodot (2007): Historien [um 450–426 v. Chr.]. Drittes Buch. Griechisch/Deutsch. Übersetzt von Christine Ley-Hutton. Herausgegeben von Kai Brodersen. Stuttgart: Reclam.

Höffe, Otfried (1999): Aristoteles. 2., überarbeitete Aufl. München: Beck.

Hofmann, Wilhelm; Riescher, Gisela (1999): Einführung in die Parlamentarismustheorie. Darmstadt: Wissenschaftliche Buchgesellschaft.

Horowitz, Donald L. (1990): Comparing Democratic Systems. In: Journal of Democracy, Jg. 1, H. 4, S. 73–79.

Huntington, Samuel P. (1996): The Clash of Civilizations and the Remaking of the New World Order. New York: Simon & Schuster.

Jäger, Wolfgang; Link, Werner (1987): Die Ära Schmidt. 1974–1982. Mit einem abschließenden Essay von Joachim C. Fest. Stuttgart; Mannheim: Deutsche Verlags-Anstalt; Brockhaus.

Jellinek, Georg (1966): Allgemeine Staatslehre [1900]. Unveränderter Nachdruck des fünften Neudrucks der 3. Auflage. Berlin; Zürich: Gehlen.

Jesse; Eckhard; Sturm, Roland (2003): Die Herausforderungen des 21. Jahrhunderts. In: Jesse, Eckhard; Sturm, Roland (Hg.): Demokratien des 21. Jahrhunderts im Vergleich. Historische Zugänge, Gegenwartsprobleme, Reformperspektiven. Opladen: Leske + Budrich, S. 477–491.

Kailitz, Steffen (2007): Arend Lijphart, Patterns of Democracy. Government Forms and Performance in Thity-Six Countries, Yale 1999. In: Kailitz, Steffen (Hg.): Schlüsselwerke der Politikwissenschaft. Wiesbaden: VS Verlag für Sozialwissenschaften, S. 237–240.

Kaiser, André (1998): Vetopunkte der Demokratie. Eine Kritik neuerer Ansätze der Demokratietypologie und ein Alternativvorschlag. In: Zeitschrift für Parlamentsfragen, Jg. 29, S. 525–541.

Kaiser, André (2002): Mehrheitsdemokratie und Institutionenreform. Verfassungspolitischer Wandel in Australien, Großbritannien, Kanada und Neuseeland im Vergleich. Frankfurt a. M.: Campus.

Kant, Immanuel (2005): Die Metaphysik der Sitten [1797]. Herausgegeben von Wilhelm Weischedel. Frankfurt a. M.: Suhrkamp.

Kennedy, Paul (1991): Aufstieg und Fall der großen Mächte. Ökonomischer Wandel und militärischer Konflikt von 1500 bis 2000. Frankfurt a. M.: Fischer.

King, Gary; Keohane, Robert Owen; Verba, Sidney (1994): Designing Social Inquiry. Princeton, N. J.: Princeton University Press.

Kluxen, Kurt (1983): Geschichte und Problematik des Parlamentarismus. Frankfurt a. M.: Suhrkamp.

Knelangen, Wilhelm (2005): Regierungssystem sui generis? Die institutionelle Ordnung der EU in vergleichender Sicht. In: Zeitschrift für Staats- und Europawissenschaften, Jg. 3, S. 7–33.

Knodt, Michèle; Stoiber, Michael (2007): Vergleichende Politikwissenschaft im Kontext der Mehrebenenanalyse. In: Zeitschrift für Vergleichende Politikwissenschaft, Jg. 1, S. 80–104.

Küchenhoff, Erich (1967): Möglichkeiten und Grenzen begrifflicher Klarheit in der Staatsformenlehre. Berlin: Duncker & Humblot.

Landman, Todd (2005): Issues and Methods in Comparative Politics. An Introduction. London; New York: Routledge.

Lang, Markus (2004): Karl Loewenstein. In: Riescher, Gisela (Hg.): Politische Theorie der Gegenwart in Einzeldarstellungen. Von Adorno bis Young. Stuttgart: Kröner, S. 293–296.

Laski, Harold J. (1951): The State in Theory and Practice. London: Allen Unwin.

Laski, Harold J. (1971): Parlamentarisches und präsidentielles Regierungssystem. In: Doeker, Günther (Hg.): Vergleichende Analyse politischer Systeme. Comparative Politics. Unter Mitarbeit von Hans Drake und Carl-Bertil Schwabe. Freiburg i. Br.: Rombach, S. 315–319.

Le Divellec, Armel (1996): Die dualistische Variante des Parlamentarismus. Eine französische Ansicht zur wissenschaftlichen Fata Morgana des semipräsidentiellen Systems. In: Zeitschrift für Parlamentsfragen, Jg. 27, H. 1, S. 145–151.

Lehmbruch, Gerhard (2003): Einleitung: Von der Konkurrenzdemokratie zur Verhandlungsdemokratie – zur Entwicklung eines typologischen Konzepts. In: Lehmbruch, Gerhard (Hg.): Verhandlungsdemokratie. Beiträge zur vergleichenden Regierungslehre. Wiesbaden: Westdeutscher Verlag, S. 7–15.

Leibholz, Gerhard (1929): Das Wesen der Repraesentation unter besonderer Beruecksichtigung des Repraesentativsystems. Ein Beitrag zur allgemeinen Staats- und Verfassungslehre. Berlin: de Gruyter.

Lévi-Strauss, Claude (2008): La pensée sauvage. In: Lévi-Strauss, Claude: Œuvres. Préface par Vincent Debaene. Édition établie par Vincent Debaene, Frédéric Keck, Marie Mauzé et Martin Rueff. Paris: Gallimard, S. 553–872.

Lijphart, Arend (1971): Comparative Politics and the Comparative Method. In: American Political Science Review, Jg. 65, S. 682–693.

Lijphart, Arend (1994): Presidentialism and Majoritarian Democracy. Theoretical Observations. In: Linz, Juan J.; Valenzuela, Arturo (Hg.): The Failure of Presidential Democracy, Bd. 1: Comparative Perspectives. Baltimore: John Hopkins University Press, S. 91–105.

Lijphart, Arend (1999): Patterns of Democracy. Government Forms and Performance in Thirty-Six Countries. New Haven: Yale University Press.

Lijphart, Arend (2004a): Introduction. In: Lijphart, Arend (Hg.): Parliamentary versus Presidential Government. Reprint 2004. Oxford: Oxford University Press, S. 1–27.

Lijphart, Arend (Hg.) (2004b): Parliamentary versus Presidential Government. Reprint 2004. Oxford: Oxford University Press.

Linz, Juan J. (1990): The Perils of Presidentialism. In: Journal of Democracy, Jg. 1, H. 1, S. 51–69.

Linz, Juan J. (1994): Presidential or Parliamentary Democracy. Does It Make a Difference? In: Linz, Juan J.; Valenzuela, Arturo (Hg.): The Failure of Presidential Democracy, Bd. 1: Comparative Perspectives. Baltimore: John Hopkins University Press, S. 3–87.

Linz, Juan J.; Valenzuela, Arturo (Hg.) (1994): The Failure of Presidential Democracy, Bd. 1: Comparative Perspectives. Baltimore: John Hopkins University Press.

Lipset, Seymour Martin (1990): The Centrality of Political Culture. In: Journal of Democracy, Jg. 1, H. 4, S. 80–83.

Loewenstein, Karl (1969): Verfassungslehre [1957]. 2., durch einen Nachtrag auf den Stand von 1969 gebrachte Auflage. Tübingen: Mohr.

Lowell, Lawrence A. (1896): Governments and Parties in Continental Europe. Houghton: Boston.

Luhmann, Niklas (1980): Temporalstrukturen des Handlungssystems. Zum Zusammenhang von Handlungs- und Systemtheorie. In: Schluchter, Wolfgang (Hg.): Verhalten, Handeln und System. Talcott Parsons' Beitrag zur Entwicklung der Sozialwissenschaften. Frankfurt a. M.: Suhrkamp, S. 32–67.

Machiavelli, Niccolò: Discorsi [1531]. Gedanken über Politik und Staatsführung. Stuttgart: Kröner.

Marx, Karl; Engels, Friedrich (2004): Das Kommunistische Manifest [1848]. In: Marx, Karl: Die Frühschriften. Geleitwort von Oskar Negt. 7. Auflage. Neu eingerichtet von Oliver Heins und Richard Sperl. Herausgegeben von Siegfried Landshut. Stuttgart: Kröner, S. 594–630.

Mayntz, Renate (2001): Politikwissenschaft in einer entgrenzten Welt. In: Landfried, Christine (Hg.): Politik in einer entgrenzten Welt. 21. wissenschaftlicher Kongreß der Deutschen Vereinigung für Politische Wissenschaft. Köln: Verlag Wissenschaft und Politik, S. 29–47.

Merkel, Wolfgang; Sandschneider, Eberhard; Segert, Dieter (1996): Einleitung: Die Institutionalisierung der Demokratie. In: Merkel, Wolfgang; Sandschneider, Eberhard; Segert, Dieter (Hg.): Systemwechsel 2. Die Institutionalisierung der Demokratie. Opladen: Leske + Budrich, S. 9–36.

Michels, Robert (1957): Zur Soziologie des Parteienwesens in der modernen Demokratie [1911]. Neudruck der 2. Auflage. Stuttgart: Kröner.

Mill, John Stuart (2003): A System of Logic. Ratiocinative and Inductive [1846]. London: University Press of the Pacific.

Montesquieu, Charles-Louis de Secondat Baron de la Brède et de (1951): Vom Geist der Gesetze [1748]. In neuer Übertragung eingeleitet und herausgegeben von Ernst Forsthoff. Bd. 1. Tübingen: H. Lauppsche Buchhandlung.

Montesquieu, Charles-Louis de Secondat Baron de la Brède et de (1956): De l'esprit des lois ou du rapport que les lois doivent avoir avec la constitution de chaque gouvernement, les moeurs, le climat, la religion, le commerce, etc. [1748]. In: Montesquieu, Charles-Louis de Secondat Baron de la Brède et de: Œuvres complètes II. Texte présenté et annoté par Roger Caillois. Bd. 2. Paris: Gallimard, S. 225–995.

Montesquieu, Charles-Louis de Secondat Baron de la Brède et de (2000): Considérations sur les causes de la grandeur des Romains et de leur decadence [1734]. Texte établi et présenté par Françoise Weil et Cecil Courtney. Introductions et commentaires de Patrick Andrivet et Catherine Volpilhac-Auger. In: Montesquieu, Charles-Louis de Secondat Baron de la Brède et de: Oeuvres complètes de Montesquieu II. Édition dirigée par Jean Ehrard et Catherine Volpilhac-Auger. Oxford; Napoli: Voltaire Foundation u. a., S. 1–318.

Montesquieu, Charles-Louis de Secondat Baron de la Brède et de (2004): Lettres persanes [1721]. Texte établi par Edgar Mass. In: Montesquieu, Charles-Louis de Secondat Baron de la Brède et de: Oeuvres complètes de Montesquieu I. Édition dirigée par Jean Ehrard et Catherine Volpilhac-Auger. Oxford; Napoli: Voltaire Foundation u. a., S. 1–659.

Morus, Thomas (2004): Utopia [1516]. Aus dem Lateinischen übersetzt und mit einem Nachwort von Jacques Laager. Zürich: Manesse-Verlag.

Münkler, Herfried (2005): Imperien. Die Logik der Weltherrschaft – vom Alten Rom bis zu den Vereinigten Staaten. Berlin: Rowohlt.

Münkler, Herfried (2010): Mitte und Maß. Der Kampf um die richtige Ordnung. Berlin: Rowohlt.

Näf, Beat (2007): Die athenische Demokratie. In: Wirbelauer, Eckhard (Hg.): Antike. Mit einem Geleitwort von Hans-Joachim Gehrke. 2. Aufl. München: Oldenbourg, S. 392–399.

Naßmacher, Hiltrud (1991): Vergleichende Politikforschung. Opladen: Westdeutscher Verlag.

Nohlen, Dieter (1994): Vergleichende Methode. In: Kriz, Jürgen; Nohlen, Dieter; Schultze, Rainer-Olaf (Hg.): Lexikon der Politik. Bd. 2: Politikwissenschaftliche Methoden. München: Beck, S. 507–517.

Nohlen, Dieter (2004): Giovanni Sartori. In: Riescher, Gisela (Hg.): Politische Theorie der Gegenwart in Einzeldarstellungen. Von Adorno bis Young. Stuttgart: Kröner, S. 425–429.

Nowotny, Helga (1989): Eigenzeit: Entstehung und Strukturierung eines Zeitgefühls. Frankfurt a. M.: Suhrkamp.

Oberndörfer, Dieter; Rosenzweig, Beate (Hg.) (2000): Klassische Staatsphilosophie. Texte und Einführungen. Von Platon bis Rousseau. München: Beck.

Obrecht, Marcus (2005): Groupes et Fraktionen: fonctionnement comparé du parlementarisme en France et en Allemagne. In: Saint-Gille, Anne-Marie (Hg.): Cultures politiques et partis aux XIX et XX siècles. L'exemple allemand. Lyon: PUL, S. 209–244.

Obrecht, Marcus (2006): Niedergang der Parlamente. Transnationale Politik im Deutschen Bundestag und der Assemblée nationale. Würzburg: Ergon.

Obrecht, Marcus; Heidenreich, Felix; Bedorf, Thomas (Hg.) (2008): Die Zukunft der Demokratie / L'avenir de la démocratie. Berlin: Lit.

Ostrogorski, Moisei (1979): La démocratie et les partis politiques. Paris: Seuil.

Patzelt, Werner J.; Dreischer, Stephan (Hg.) (2009): Parlamente und ihre Zeit. Zeitstrukturen als Machtpotentiale. Baden-Baden: Nomos.

Perrault, Charles (1688–1697): Parallèle des anciens et des modernes. Paris: Coignard.

Peters, Guy B. (1998): Comparative Politics. Theory and Methods. New York: New York University Press.

Platon (1988a): Der Staat. Politeia [um 387–367 v. Chr.]. In: Platon: Sämtliche Dialoge. In Verbindung mit Kurt Hildebrandt, Constantin Ritter und Gustav Schneider herausgegeben und mit Einleitungen, Literaturübersichten, Anmerkungen und Registern versehen von Otto Apelt. Unveränderter Nachdruck der Ausgabe von 1920/22. Bd. 5. Hamburg: Meiner.

Platon (1988b): Gesetze. Nomoi [vor 347 v. Chr.]. In: Platon: Sämtliche Dialoge. In Verbindung mit Kurt Hildebrandt, Constantin Ritter und Gustav Schneider herausgegeben und mit Einleitungen, Literaturübersichten, Anmerkungen und Registern versehen von Otto Apelt. Unveränderter Nachdruck der Ausgabe von 1920/22. Bd. 7. Hamburg: Meiner.

Platon (1988c): Politikos. Vom Staatsmann [nach 365 v. Chr.]. In: Platon: Sämtliche Dialoge. In Verbindung mit Kurt Hildebrandt, Constantin Ritter und Gustav Schneider herausgegeben und mit Einleitungen, Literaturübersichten, Anmerkungen und Registern versehen von Otto Apelt. Unveränderter Nachdruck der Ausgabe von 1920/22. Bd. 6. Hamburg: Meiner.

Polybios (1978/79): Geschichte [Historíai, um 167–118 v. Chr.]. Gesamtausgabe in zwei Bänden. Eingeleitet und übertragen von Hans Drexler. 2. Aufl. Zürich: Artemis.

Poser, Hans (2001): Wissenschaftstheorie. Eine philosophische Einführung. Stuttgart: Reclam.

Price, Don K. (1971): Parlamentarisches und präsidentielles System. In: Doeker, Günther (Hg.): Vergleichende Analyse politischer Systeme. Comparative Politics. Unter Mitarbeit von Hans Drake und Carl-Bertil Schwabe. Freiburg i. Br.: Rombach, S. 298–314.

Przeworski, Adam; Alvarez, Michael E.; Cheibub, José Antonio; Limongi, Fernando (2000): Democracy and Development. Political Institutions and Well-being in the World, 1950–1990. Cambridge: Cambridge University Press.

Przeworski, Adam; Teune, Henry (1970): The Logic of Comparative Social Inquiry. New York: Interscience.

Ragin, Charles C. (2004): Constructing Social Research. The Unity and Diversity of Method. Nachdruck. Thousand Oaks, Calif.: Pine Forge Press.

Ratzenhofer, Gustav (1893): Wesen und Zweck der Politik. Als Theil der Sociologie und Grundlage der Staatswissenschaften. Erster Band: Die soziologische Grundlage. Leipzig: F.A. Brockhaus.

Rehm, Walter (1930): Der Untergang Roms im abendländischen Denken. Ein Beitrag zur Geschichtsschreibung und zum Dekadenzproblem. Leipzig: Dieterich.

Riescher, Gisela (1994): Zeit und Politik. Zur institutionellen Bedeutung von Zeitstrukturen in parlamentarischen und präsidentiellen Regierungssystemen. Baden-Baden: Nomos.

Riescher, Gisela (1997): Parlamentarische Zeitstrukturen zwischen geschichtlichen Traditionslinien und moderner Funktionalität. In: Zeitschrift für Politik, Jg. 44, S. 100–115.

Riescher, Gisela (Hg.) (2004): Politische Theorie der Gegenwart in Einzeldarstellungen. Von Adorno bis Young. Stuttgart: Kröner.

Riescher, Gisela (2005): Zeit und Politik. In: Nohlen, Dieter; Schultze, Rainer-Olaf (Hg.): Lexikon der Politikwissenschaft. Theorien, Methoden, Begriffe. Bd. 2: N–Z. 3., aktualisierte und erweiterte Aufl. München: Beck, S. 1167–1172.

Riescher, Gisela (2009): Seymour Martin Lipset: Political Man. In: Arnold, Heinz Ludwig (Hg.): Kindlers Literatur-Lexikon. Bd. 10. 3. Aufl. Stuttgart: J. B. Metzler, S. 197–198.

Riescher, Gisela (Hg.) (2010): Sicherheit und Freiheit statt Terror und Angst. Perspektiven einer demokratischen Sicherheit. Baden-Baden: Nomos.

Riescher, Gisela; Ruß, Sabine; Haas, Christoph M. (Hg.) (2010): Zweite Kammern. 2. Aufl. München: Oldenbourg.

Riescher, Gisela; Thumfart, Alexander (Hg.) (2008): Monarchien. Baden-Baden: Nomos.

Riggs, Fred (1988): Presidentialism. A Problematic Regime Type. In: International Political Science Review, Jg. 9, H. 4, S. 247–267.

Ritter, Henning (2010): Notizhefte. 4. Aufl. Berlin: Berlin-Verlag.

Rohe, Karl (1994): Politik. Begriffe und Wirklichkeiten. Eine Einführung in das politische Denken. 2. überarbeitete und erweiterte Aufl. Stuttgart; Berlin; Köln: Kohlhammer.

Rosa, Hartmut (2008): Beschleunigung. Die Veränderung der Zeitstrukturen in der Moderne. Frankfurt a. M.: Suhrkamp.

Rousseau, Jean-Jacques (2003): Vom Gesellschaftsvertrag oder Grundsätze des Staatsrechts [1762]. In Zusammenarbeit mit Eva Pietzcker neu übersetzt und herausgegeben von Hans Brockard. Stuttgart: Reclam.

Rueschemeyer, Dietrich (2006): Can One or a Few Cases Yield Theoretical Gains? In: Mahoney, James; Rueschemeyer, Dietrich (Hg.): Comparative Historical Analysis in the Social Sciences. Nachdruck. Cambridge: Cambridge University Press, S. 305–336.

Ryffel, Heinrich (1949): Der Wandel der Staatsverfassungen. Untersuchungen zu einem Problem der griechischen Staatstheorie. Bern: Paul Haupt.

Sartori, Giovanni (1970): Concept Misformation in Comparative Politics. In: The American Political Science Review, Jg. 64, H. 4, S. 1033–1053.

Sartori, Giovanni (1976): Parties and Party Systems. A Framework for Analysis. Cambridge: Cambridge University Press.

Sartori, Giovanni (1994a): Comparative Constitutional Engineering. An Inquiry into Structures, Incentives and Outcomes. New York: New York University Press.

Sartori, Giovanni (1994b): Neither Presidentialism nor Parliamentarism. In: Linz, Juan J.; Valenzuela, Arturo (Hg.): The Failure of Presidential Democracy, Bd. 1: Comparative Perspectives. Baltimore: John Hopkins University Press, S. 106–118.

Schäfer, Claudia (2008): Semi-Präsidentialismus à la polonaise. Zum Einfluss des Regimetyps auf die demokratische Konsolidierung der Republik Polen. Würzburg: Ergon.

Scheuner, Ulrich (1927): Über die verschiedenen Gestaltungen des parlamentarischen Regierungssystems I. Zugleich eine Kritik der Lehre vom echten Parlamentarismus. In: Archiv des öffentlichen Rechts, Jg. 52, H. 2, S. 209–233.

Schmidt, Manfred G. (2003): Vetospielertheorem und Politik des mittleren Weges. In: Der Bürger im Staat, H. 4, S. 198–202.

Schmidt, Manfred G. (2008): Demokratietheorien. Eine Einführung. 4., überarbeitete und erweiterte Aufl. Wiesbaden: VS Verlag für Sozialwissenschaften.

Schmitt, Carl (2002): Der Begriff des Politischen [1932]. Text von 1932 mit einem Vorwort und drei Corollarien. 7. Aufl. Berlin: Duncker & Humblot.

Schultze, Rainer-Olaf (1997): Verfassungsreform als Prozeß. In: Zeitschrift für Parlamentsfragen, Jg. 28, S. 502–520.

Sebald, Winfried G. (2001): Die Ringe des Saturn. Eine englische Wallfahrt. Frankfurt a. M.: Eichborn.

Shepsle, Kenneth A.; Bonchek, Mark S. (1997): Analyzing Politics. Rationality, Behavior, and Institutions. New York; London: Norton.

Simonis, Georg; Lauth, Hans-Joachim; Bröchler, Stephan (2007): Vergleichende Politikwissenschaften im 21. Jahrhundert. In: Zeitschrift für Vergleichende Politikwissenschaft, Jg. 1, S. 146–165.

Spengler, Oswald (2000): Der Untergang des Abendlandes. Umrisse einer Morphologie der Weltgeschichte [1918/22]. Nachwort von Anton Mirko Koktanek. 15. Aufl. München: dtv.

Steffani, Winfried (1979): Parlamentarische und präsidentielle Demokratie. Strukturelle Aspekte westlicher Demokratien. Opladen: Westdeutscher Verlag.

Steffani, Winfried (1983): Zur Unterscheidung parlamentarischer und präsidentieller Regierungssysteme. In: Zeitschrift für Parlamentsfragen, Jg. 14, H. 3, S. 390–401.

Steffani, Winfried (1997): Semi-Präsidentialismus? In: Steffani, Winfried: Gewaltenteilung und Parteien im Wandel. Opladen: Westdeutscher Verlag, S. 89–124.

Stepan, Alfred; Skach, Cindy (1993): Constitutional Frameworks and Democratic Consolidation. Parliamentarism versus Presidentialism. In: World Politics, Jg. 46, H. 1, S. 1–22.

Sternberger, Dolf (1978): Drei Wurzeln der Politik. Frankfurt a. M.: Insel.

Stykow, Petra (2007): Vergleich politischer Systeme. Paderborn: Fink.

The Economist (2006): Happiness and Economics. In: The Economist, 19.12.2006.

Tönnies, Ferdinand (2005): Gemeinschaft und Gesellschaft [1887]. Grundbegriffe der reinen Soziologie. Darmstadt: Wissenschaftliche Buchgesellschaft.

Tsebelis, George (1990): Nestes Games. Rational Choice in Comparative Politics. Berkeley: University of California Press.

Tsebelis, George (2002): Veto Players. How Political Institutions Work. New York, NY: Russell Sage Foundation u. a.

Vanhanen, Tatu (1997): The Prospects of Democracy. A Study of 172 countries. London: Routledge.

Vedel, Georges (1978): Synthèse ou parenthèse? In: Le Monde, 19.2.1978.

Verney, Douglas (1959): The Analysis of Political Systems. London: Routledge & Kegan Paul.

Versini, Laurent (1986): Introduction. In: Montesquieu, Charles-Louis de Secondat Baron de la Brède et de: Lettres persanes. Textes présentés et commentés par Laurent Versini, illustrés de bois originaux gravés par Marc Dautry. Paris: Imprimerie nationale, S. 9–67.

Wagschal, Uwe (1999): Blockieren Vetospieler Steuerreformen? In: Politische Vierteljahresschrift, Jg. 40, H. 4, S. 628–640.

Wagschal, Uwe (2009): Kompetitive und konsensuale Vetospieler in der Steuerpolitik. In: Ganghof, Steffen; Hönnige, Christoph; Stecker, Christian (Hg.): Parlamente, Agendasetzung und Vetospieler. Festschrift für Herbert Döring. Wiesbaden: VS Verlag für Sozialwissenschaften, S. 117–136.

Wahlke, John C.; Eulau, Heinz; Buchanan, William; Ferguson, LeRoy C. (1962): The Legislative System. Explorations in Legislative Behavior. New York; London: John Wiley and Sons.

Ward, Hugh (2002): Rational Choice. In: Marsh, David; Stoker, Gerry (Hg.): Theory and Methods in Political Science. 2. Aufl. Basingstoke: Palgrave Macmillan, S. 65–89.

Weber, Max (1980): Wirtschaft und Gesellschaft. Grundriss der verstehenden Soziologie [1921/22]. 5., revidierte Aufl., Studienausgabe. Tübingen: Mohr.

Weber, Max (1988): Politik als Beruf [1919]. In: Weber, Max: Gesammelte Politische Schriften. 5. Aufl., photomechanischer Nachdruck der 4. Aufl. Herausgegeben von Johannes Winckelmann. Tübingen: Mohr, S. 505–560.

Weber, Max (1992a): Die „Objektivität" sozialwissenschaftlicher und sozialpolitischer Erkenntnisse [1904]. In: Weber, Max: Soziologie – Universalgeschichtliche Analysen – Politik. Mit einer Einleitung von Eduard Baumgarten. Herausgegeben von Johannes Winckelmann. Stuttgart: Kröner, S. 186–262.

Weber, Max (1992b): Die drei reinen Typen der legitimen Herrschaft [1922]. In: Weber, Max: Soziologie – Universalgeschichtliche Analysen – Politik. Mit einer Einleitung von Eduard Baumgarten. Herausgegeben von Johannes Winckelmann. Stuttgart: Kröner, S. 151–166.

Wember, Viktor (1977): Verfassungsmischung und Verfassungsmitte. Moderne Formen gemischter Verfassung in der politischen Theorie des beginnenden Zeitalters der Gleichheit. Berlin: Duncker & Humblot.

Wilson, Woodrow (1884): Committee or Cabinet Government. In: Overland Monthly, Jg. 3, S. 17–33.

Wotton, William (1644): Reflections upon Ancient and Modern Learning. London: J. Leake.

Würtenberger, Thomas; Tanneberger, Steffen (2010): Sicherheitsarchitektur als interdisziplinäres Forschungsfeld. In: Riescher, Gisela (Hg.): Sicherheit und Freiheit statt Terror und Angst. Perspektiven einer demokratischen Sicherheit. Baden-Baden: Nomos, S. 97–126.

Zippelius, Reinhold (2007): Allgemeine Staatslehre. Politikwissenschaft. Ein Studienbuch. 15., neubearbeitete Aufl. München: Beck.

Zürn, Michael (1998): Regieren jenseits des Nationalstaates. Globalisierung und Denationalisierung als Chance. Frankfurt a. M.: Suhrkamp.

www.ingramcontent.com/pod-product-compliance
Lightning Source LLC
Chambersburg PA
CBHW080555270326
41929CB00019B/3320